AESTHETIC LIBERATION:

LEISURE ALIENATION IN THE PERSPECTIVE OF MODERNIZATION

审美的救赎

现代性视域中的休闲异化

郑明 著

浙江大学出版社·杭州
ZHEJIANG UNIVERSITY PRESS

图书在版编目（CIP）数据

审美的救赎：现代性视域中的休闲异化 / 郑明著
. -- 杭州：浙江大学出版社，2023.8
ISBN 978-7-308-24121-2

Ⅰ. ①审… Ⅱ. ①郑… Ⅲ. ①闲暇社会学—研究—中国 Ⅳ. ①C913.3

中国国家版本馆CIP数据核字（2023）第158160号

审美的救赎：现代性视域中的休闲异化

SHENMEI DE JIUSHU: XIANDAIXING SHIYU ZHONG DE XIUXIAN YIHUA

郑　明　著

责任编辑　马一萍
文字编辑　梅　雪
责任校对　陈逸行
封面设计　米　兰
出版发行　浙江大学出版社
（杭州天目山路148号　邮政编码：310007）
（网址：http://www.zjupress.com）
排　　版　浙江大千时代文化传媒有限公司
印　　刷　浙江新华数码印务有限公司
开　　本　710mm × 1000mm　1/16
印　　张　11.75
字　　数　164千
版 印 次　2023年8月第1版　2023年8月第1次印刷
书　　号　ISBN 978-7-308-24121-2
定　　价　68.00元

浙江大学出版社市场运营中心联系方式：（0571）88925591；http://zjdxcbs.tmall.com

目录

01

休闲与休闲异化

毫无疑问，休闲是休闲学研究的核心概念和基石，对休闲问题的任何展开都是建立在这个概念的基础之上的，无论是对休闲的理论思辨还是对休闲的应用研究都离不开对休闲本身的考察。尽管不是每一个具体的休闲研究都要首先对休闲概念本身进行界定，但至少有一个潜在的对于休闲是什么的本体论认定，或者说是“本体论承诺”。而对休闲异化的研究，从逻辑上来说就必然以“什么是非异化的休闲”为前提，否则异化的休闲就无处立足，即休闲异化建立在休闲的能异化性之上，而休闲能异化就意味着有一个异化之前的、非异化的休闲或者说是本真的休闲。所以对休闲的理解与认识是本书论证的逻辑基础。

第一节　休闲的界定

大多的休闲研究对休闲的界定不外乎时间、活动与体验等几个角度。虽然这些研究对我们理解休闲有所裨益，但是这几个角度不仅各自都有其不足之处，而且即使是它们的综合，对我们理解休闲仍然有所遮蔽和遗漏。一方面，这些研究遮蔽了休闲是不同要素之间、要素与整体之间、休闲与环境之间相互影响的一种系统；另一方面，即使是这几个角度的综合，仍然遗漏了休闲是不同阶段前后相继所构成的一种过程，是使人从自在的存在到自为的存在再到自在自为的存在的“成为人”的过程。或许正如有学者所指出的：“这一学科或研究领域还没有像其他学科那样就其定义、给定观点及恰当的研究方法和手段达成共识。”[1]所以，对于休闲，本书试图提出一种新的理解方式，并在此基础上对休闲进行界定，这种方式自然会不如定义简洁，但或许能比定义更有助于深入而全面地理解休闲，有助于我们深入理解休闲异化或异化了的休闲。为此，我们将首先对界定休闲的几种典型方式进行全面的检视，进而提出应该将休闲作为一种系统和过程来理解，并尝试对这种理解的哲学基础进行论证。

[1] 〔美〕约翰·凯利：《走向自由：休闲社会学新论》，赵冉译，云南人民出版社，2000年，第6页。

一、现有休闲界定方式的辩证分析

研究者们对休闲的不同定义进行了概括，指出这些定义基本上可以分为：①从剩余时间、存在状态以及休闲方式所从事的活动三种视角来界定休闲[1]；②基于时间（即人们不用工作的时间是多少）、活动（当人们不工作时他们做些什么活动）以及目的（人们以休闲的方式从事的活动的目的是什么）三种方法来界定休闲[2]；③将休闲的界定归入时间、活动、存在状态、心态四种语境[3]。这些概括虽表述不同，但是基本涵盖了休闲的绝大部分规范性定义。存在状态这种界定方式同样可以归入心态或体验，因为作为一种规范性指称的存在状态并不是指我们所看到的人的外在表现，而是主体对自己的生活与生存的一种体验或态度，尽管它比一般的态度可能涵盖面更广也更稳定，但其基本的意旨不离体验或态度。所以，我们可以将界定休闲的方式概括为三种：从时间角度、活动角度、体验角度界定休闲。

（一）从时间角度界定休闲

从时间角度界定休闲的典型形式就是将休闲界定为一种剩余或自由的时间。例如，认为休闲是“在解决生存问题以后剩下来的时间”[4]，又如，认为“休闲是一块未被占用的时间、空闲时间或自由时间。休闲是除生理必需和维持生计必需的时间之外的时间……休闲是我们可以自决的时间，即可以按照我们的判断或选择来使用的时间”[5]。这种将休闲“作为一种剩余”的界定，尽管受到来自各方面的批评，但仍然是一个被普遍接受和使用的概念。第一，它具有较好的包容性。一是它比较契合日常生活中对休闲的认识，因为在日常生活的语境中，“自由时间”一般就等同于“休闲”本身；二是它可以将人们从事付酬工作、处理个人事

---

[1] Gene Bammel. Leisure and Human Behavior. 2nd ed. William. C. Brown Pub,1992:185–186.

[2] Joy E. Beatty, William R. Torbert. “The false duality of work and leisure”, Journal of Management Inquiry, 2003(3): 239–252.

[3] 〔美〕杰弗瑞·戈比：《你生命中的休闲》，康筝译，云南人民出版社，2000 年，第 3–4 页。

[4] Herbert L. May, Dorothy Petgen. Leisure and Its Uses. A.S. Barnes, 1960: 3.

[5] Charles K. Brightbill. The Challenge of Leisure. Prentice Hall, 1963: 4.

务或者履行责任之外的所有时间都包含在内，即只要是人们在“自由时间”所从事的活动都有可能是休闲；三是这种界定方式具有一定程度的跨文化包容性，因为它不涉及活动类型和体验类型，而活动类型和体验类型在不同的文化中是具有不同甚至对立意义的。第二，它便于测量，即这种界定“提供了一个客观的、实证的、中立的定义，它是可以用时间来衡量的”[1]。较大范围的休闲实证研究和对休闲的历史变迁及未来发展趋势的研究，都是基于休闲是一种自由时间的视角开展的，只要略微浏览休闲研究的成果就可以发现这些研究中大都会有一张人们的自由时间或可支配时间的变化曲线图。

但是，从时间角度界定休闲存在诸多问题，“休闲和空闲时间是两个截然不同的概念”[2]。一方面，正如戈比所指出的，这种界定中的“自由”本身已是一个充满歧义的概念，而且自由并非休闲的先决条件，“‘休闲’也能产生于根本说不上自由的情况之中”[3]。另一方面，也是更主要的问题，这种界定并没有涉及休闲本身是什么，即“它缺少了休闲本身的内在特征”[4]，这就使其成为一种非常模糊的定义。正如有学者所指出的，这种“作为一种剩余”的休闲定义很难应用于失业者和退休的人[5]。

（二）从活动角度界定休闲

从活动角度界定休闲，较为典型的如将休闲界定为：“在尽到职业、家庭与社会职责之后，一系列让自由意志得以尽情发挥的事情，它可以是休息，可以是自娱，可以是非功利性的增长知识、提高技能，也可以是对社团互动的主动参与。”[6]这种界定方式更加具体，能使我们很快

---

[1] Joy E. Beatty, William R. Torbert. “The false duality of work and leisure”, Journal of Management Inquiry, 2003(3): 239–252.

[2] Sebastian de Grazia. Of Time, Work and Leisure. The Twentieth Century Fund,1962:8.

[3] 〔美〕杰弗瑞·戈比：《你生命中的休闲》，康筝译，云南人民出版社，2000 年，第 7 页。

[4] Joy E. Beatty, William R. Torbert. “The false duality of work and leisure”, Journal of Management Inquiry 2003(3): 239–252.

[5] Ken Roberts. Leisure in Contemporary Society. 2nd ed. CABI, 2006: 212.

[6] Joffre Dumazedier. “Current problems of the society of leisure”, International Social Science Journal, 1960(12)：522–531.

找出一些典型的休闲活动，避免了其他界定方式的模糊性问题，因而推动了一系列休闲研究。从休闲实践来看，这种界定方式对于休闲政策制定者、休闲产品与项目提供者（包括政府部门和商家）都具有重要意义，有利于政策制定者制定更加具体、更具可操作性的休闲促进政策，有利于休闲产品与项目提供者提供更加丰富多样的休闲设施与休闲项目。

但是这种界定方式容易忽视人的内心体验，尤其是在现代商业逻辑的推动与大众传媒的鼓噪之下，很容易使休闲异化为一种消费行为，一方面使普通大众迷失于商家提供的“有待消费的娱乐”之中，另一方面使休闲成为少部分人成功与优越的象征，成为有闲阶级炫耀与自得的资本，而这些消费行为的共同点则是对休闲意义的遗忘。

（三）从体验角度界定休闲

亚里士多德或许是最早将休闲界定为一种存在状态的研究者，中世纪的阿奎那，近现代以来的格拉齐亚、皮珀等都是亚里士多德观点的支持者与发扬者。而心理学家则将休闲界定为一种特殊的体验，如纽林格认为：“休闲感有且只有一个判据，那便是心之自由感。只要有一种行为是自由的、无拘无束的、不受压抑的，那它就是休闲的。去休闲，意味着作为一个自由的主体，根据自己的选择投身某一项活动。”[1]这种界定方式突出的优点是以休闲本身来界定休闲，因而它“最好地将休闲与其他相关的概念区分开来”，并且强调了“休闲成为休闲是由内向外，而不是由外向内”。[2]这种界定方式近来得到了更多研究者的认可。

但是，这种界定方式是不全面的，因为“体验本身不足以界定休闲”[3]。正如戈比所言，它不必要地忽略了外部世界[4]。如果我们将这种方式从逻辑上推到极致的话，会得到“如果休闲仅仅是一种精神状

---

[1] 〔美〕杰弗瑞·戈比：《你生命中的休闲》，康筝译，云南人民出版社，2000 年，第 6 页。

[2] Joy E. Beatty, William R. Torbert. “The false duality of work and leisure”, Journal of Management Inquiry, 2003(3): 239-252.

[3] Andrew Purrington, Benjamin Hickerson. “Leisure as a cross-cultural concept”, World Leisure Journal, 2013(2): 125-137.

[4] 〔美〕杰弗瑞·戈比：《你生命中的休闲》，康筝译，云南人民出版社，2000 年，第 11 页。

态，那么刺激的性质就将与休闲无关”[1]的结论。也就是说，如果休闲仅仅是指一种心理或体验状态，那么这种心理状态是由何种刺激产生就变得与休闲无关了。正如凯利所指出的，“如果把休闲定义为感知自由的精神状态，是游离于外界目的之外的，那它就很容易地由化学物质引出来——事实上，由毒品产生的状态可能是最纯粹、最方便的休闲形式了”[2]，而这显然是我们所不能接受的。

可以看出，这些几乎已成为经典的休闲界定方式，从不同角度揭示了休闲的属性，深化了我们对休闲的理解。但是，其局限性也是明显的。所以，我们需要以更宽阔、更具有包容性的视野来审视休闲。

二、系统论视角下的休闲

首先，本书认为应将休闲理解为一种系统。

通过对界定休闲的不同方式的检视，我们发现，它们存在同一个问题，就是遮蔽了休闲是一种系统存在的现象。检视休闲界定方式的缺陷，不是为了否定这些界定方式，至少不是形而上学地否定它们——因为离开时间、活动与体验，我们对于休闲将无从谈起，而是要对它们进行辩证的否定。这种辩证的否定也不是取其精华、去其糟粕——这仍然是一种形而上学的思维方式——而是将每一种界定方式所强调的因素作为系统的构成要素来理解其意义。

20 世纪 40 年代，贝塔朗菲（L. V. Bertalanffy）首次提出了一般系统论，《一般系统论：基础、发展和应用》的中译本于 1987 年出版。20 世纪 80 年代在中国曾掀起过“系统”研究热潮，“它的产生和运用不仅对现代科学技术的发展产生了积极的影响，而且更值得重视的是它提供了一种新的系统思维方式，对抵制、克服形而上学的思想和笛卡尔主

[1] Andrew Purrington, Benjamin Hickerson “Leisure as a cross-cultural concept”, World Leisure Journal, 2013(2): 125-137.

[2] 〔美〕约翰·凯利：《走向自由：休闲社会学新论》，赵冉译，云南人民出版社，2000 年，第 46 页。

义在学术界的影响起了有益的作用”[1]。但令人遗憾的是，在休闲研究领域，无论是西方还是国内，就笔者所接触到的文献以及一些学者所做的综述来看，大都忽略了系统论这一现代思维方式的新“范式”。

唯有凯利独具慧眼，在其《走向自由：休闲社会学新论》一书中，基于“休闲是复杂而非简单的概念和现象”[2]以及“休闲是存在过程的一部分，而非静止不变的观念或现象”[3]这两个具有系统论意义的前提，将社会隐喻或结构隐喻（the social metaphor）与存在隐喻（the existential metaphor）辩证地综合[4]，并提出，“休闲，如同所研究的任何其他人类活动一样，存在于一种个体生存与社会结构的辩证关系中。休闲不是毫无约束的自由与选择，也不是普遍性规范的体现和整合社会系统的需要。它既非完全是自由的，也非完全是确定的”[5]。凯利还指出，“生活究其根本，既不单是社会的，也不单是个体的。而且社会与个体之间的关系并不简单地只是前者为后者提供情境，为后者的真实性提供赖以存在的环境。事实上，休闲尤其展现了人类生存的辩证本性”[6]。凯利的研究是将休闲理解为一种系统的卓越范例。尽管他没有提出一个关于休闲的明确定义，但是他的研究早已超越了定义所能达到的目的。

之所以能将休闲理解为一种系统，一方面，从一般意义来看，贝塔朗菲明确指出，“从当代社会科学理论广阔的范围、普遍的混乱和矛盾之中出现了一个颇有把握的结论：社会现象必须被看成‘系统’”[7]，同时，“现代科学和生活的整个领域里都需要按照新的方式抽出概念、

[1] 〔美〕冯·贝塔朗菲：《一般系统论：基础、发展和应用》，林康义等译，清华大学出版社，1987年，第1页。

[2] 〔美〕约翰·凯利：《走向自由：休闲社会学新论》，赵冉译，云南人民出版社，2000年，第6页。

[3] 〔美〕约翰·凯利：《走向自由：休闲社会学新论》，赵冉译，云南人民出版社，2000年，第21页。在该书第281页，凯利更是明确指出：“作为情境中的行动，休闲是成为的自由。它是过程，而不是完成的行动或最终产品。”

[4] 〔美〕约翰·凯利：《走向自由：休闲社会学新论》，赵冉译，云南人民出版社，2000年，第8–9页。

[5] 〔美〕约翰·凯利：《走向自由：休闲社会学新论》，赵冉译，云南人民出版社，2000年，第19–20页。

[6] 〔美〕约翰·凯利：《走向自由：休闲社会学新论》，赵冉译，云南人民出版社，2000年，第19页。

[7] 〔美〕冯·贝塔朗菲：《一般系统论：基础、发展和应用》，林康义等译，清华大学出版社，1987年，第5页。

新的观念和范畴，而它们都是以‘系统’的概念为中心的”[1]。另一方面，凯利提出了理解休闲的两个前提，即休闲是复杂而非简单的概念和现象以及休闲是存在过程的一部分，而非静止不变的观念或现象。[2]

所谓将休闲理解为一种系统，就是不孤立地研究休闲本身，更不孤立地研究休闲活动的类型、休闲体验的个体差异、休闲时间的变迁等。根据贝塔朗菲经典的系统定义，“系统可以定义为相互作用着的若干要素的复合体。相互作用指的是：若干要素（P）处于若干关系（R）中，以致一个要素 P 在 R 中的行为不同于它在另一关系 R' 中的行为”[3]。所以，我们需将休闲置于整个社会系统之中去理解，休闲不是一个可以从社会中孤立出来的现象，而是受到主要社会建制，如经济、政治、家庭以及文化传统等的影响。脱离整个社会系统，我们对休闲的理解就会沦为一种主观臆想。例如，如果不顾古希腊的特定历史、社会与文化环境，形而上地引述亚里士多德“我们全部生活的目的应是操持闲暇”[4]来论证休闲在生活中的中心地位，或者直接将古希腊城邦贵族的休闲作为理想的休闲形态，这显然是站不住脚的。这种论证的问题在于，我们所了解的古希腊的休闲是包含了城邦贵族的阶级偏见以及统治阶级的意识形态在内的[5]，而并非完全中立的或者说是产生于真空之中的（这样的休闲在任何时代都是没有的），也就是说必须将古希腊的休闲放到整个古希腊社会系统中才能对其有一个更为确切的理解，才能更深入而贴切地挖掘出古希腊的休闲观念对于现代的启发意义。又如，对于休闲中的所谓的自由的理解，更是必须放到具体的文化系统中去[6]，否则无论是对

[1] 〔美〕冯·贝塔朗菲：《一般系统论：基础、发展和应用》，林康义等译，清华大学出版社，1987 年，第 7 页。

[2] 〔美〕约翰·凯利：《走向自由：休闲社会学新论》，赵冉译，云南人民出版社，2000 年，第 21 页。

[3] 〔美〕冯·贝塔朗菲：《一般系统论：基础、发展和应用》，林康义等译，清华大学出版社，1987 年，第 51 页。

[4] 〔古希腊〕亚里士多德：《政治学》，吴寿彭译，商务印书馆，1965 年，第 416 页。

[5] Charles Sylvester. “The classical idea of leisure: Cultural ideal or class prejudice?”, Leisure Science, 1999(1): 3–16.

[6] Andrew Purrington, Benjamin Hickerson. “Leisure as a cross-cultural concept”, World Leisure Journal, 2013(2): 125–137.

于所谓的自由时间还是休闲中所体验到的自由的理解都是肤浅而不着边际的。

另外，对于休闲本身，从一般系统论和现代系统论的思维方式来看，我们需将其理解为由内部诸要素，如休闲参与者、休闲活动、休闲时间等之间相互影响构成的一个整体以及整体和部分相互影响构成的系统。“一般系统论就是对‘整体’和‘整体性’的科学探索。”[1] 整体性原理是其基本原理，即强调“整体大于部分”，强调“组合性特征不能用孤立部分的特征来解释”，必须用“系统所包含的所有组成部分以及它们之间的各种关系”进行准确阐释。而现代系统论不仅强调系统内各部分之间的关系，而且强调“整体与部分的关系是系统论的核心问题……人们只是把握了事物的整体性并不能达到把握事物系统的要求，而只有把整体与部分有机结合起来才能真正认识系统”[2]。所以，对于作为一个整体与系统的休闲来说，既不能被还原为任何意义上的时间、活动或体验，也不能被看成是这些要素的简单相加，而是需要我们去把握人们对于休闲的态度、参与休闲活动的类别与频次、为休闲投入的时间和金钱以及从休闲之中获得的体验等要素之间相互影响、相互制约的关系，以及作为整体的休闲与这些要素之间的相互关系等。这正是《走向自由：休闲社会学新论》所体现出的“系统辩证法”。

三、辩证过程论视角下的休闲

休闲不仅应该被理解为一种系统，还应当被理解为一种过程。正如作为一种系统的休闲被大多数休闲研究所遮蔽一样，作为一种过程的休闲也没有受到足够的重视。在休闲研究中，甚至出现了相反的观点，如皮珀认为，休闲的状态是 “在我们的灵魂静静开放的此时此刻，就在

[1] 〔美〕冯·贝塔朗菲：《一般系统论：基础、发展和应用》，林康义等译，清华大学出版社，1987 年，第 3 页。

[2] 常绍舜：《从经典系统论到现代系统论》，《系统科学学报》2011 年第 3 期，第 1–4 页。

这短暂的片刻之中，我们掌握到了理解‘整个世界及其最深邃之本质’的契机，这样的时刻稍纵即逝”[1]。

尽管皮珀的观点有其深刻之处，但是明显将休闲看作瞬时状态，而非一种过程。与皮珀的观点相反，戈比明确指出：“休闲并非活动本身，它是一种过程，只不过这一过程必然要涉及某种具体的活动。”[2]凯利在其休闲研究经典著作《走向自由：休闲社会学新论》中也曾指出，“从本质上讲，休闲应当被理解为一种‘成为状态’（state of becoming），这种状态更多的是指一种趋向”[3]，并强调指出，“休闲不仅仅是当前的现实，而是动态的；它包含许多面向未来的因素，而不仅仅是现存的形式、情境和意义”[4]，“它是过程，而不是完成的行动或最终的产品”[5]。正是这些深刻的洞见指引我们将休闲理解为一种过程。不过，戈比并没有对作为一种过程的休闲做更为具体的论述。而凯利的经典研究虽然多处指出休闲是一种过程、生活是一种过程，但他的研究主要是从其所建构的“社会存在主义”的角度出发，系统探讨休闲中的“行动与结构、自我决定与社会力量之间的辩证关系”，对作为一种过程的休闲也未进行深入的探讨。

本书认为，将休闲理解为一种过程，至少必须探讨解决以下两个问题。

第一，休闲何以应当被理解为一种过程？或如何对这种理解进行哲学解释？

对于这个问题，或许我们可以从黑格尔哲学中获得启发。在绝对唯心论的框架内，黑格尔的体系既克服了康德的二元论和不可知论，又克服了费希特非我与自我的二元论残余，同时还克服了谢林观点中主客体之间缺乏过程的直接同一，所以黑格尔的体系是“绝对主体（绝对精神）

[1] 〔德〕约瑟夫·皮珀：《闲暇：文化的基础》，刘森尧译，新星出版社，2005年，第42页。
[2] 〔美〕杰弗瑞·戈比：《你生命中的休闲》，康筝译，云南人民出版社，2000年，第11页。
[3] 〔美〕约翰·凯利：《走向自由：休闲社会学新论》，赵冉译，云南人民出版社，2000年，第1页。
[4] 〔美〕约翰·凯利：《走向自由：休闲社会学新论》，赵冉译，云南人民出版社，2000年，第22页。
[5] 〔美〕约翰·凯利：《走向自由：休闲社会学新论》，赵冉译，云南人民出版社，2000年，第22页、第281页。

这一最高统一体展开为一个主客不断对立又不断统一的漫长的辩证发展过程和体系”[1]。对于其体系的客观唯心主义固然是要批判的（但也不是抽象地否定），但其“合理内核”的辩证法思想，尤其是其对以雅克比和谢林为代表的所谓的直接知识观的批判以及对事物的过程性与中介性的突出强调，无疑具有超越时空的价值。黑格尔明确指出：“任何事物在它的直接存在里都是没有真理性的。”[2] 作为其整个体系的第一部与“真正的起源与秘密”所在的《精神现象学》，就是“运用辩证的方法和发展的观点来研究分析人的意识、精神发展的历史过程，由最低阶段至最高阶段分析其矛盾的过程”[3]。在其中，黑格尔指出：

> 真理是全体。但全体只是通过自身发展而达于完满的那种本质……但事实上人们之所以嫌恶中介，纯然是由于不了解中介和绝对只是本身的性质。因为中介不是别的，只是运动着的自身同一，换句话说，它是自身反映，自为存在着的自我的环节，纯粹的否定性，或就其纯粹的抽象而言，它是单纯的形成过程……因此，如果中介或反映不被理解为绝对的积极环节而被排除于绝对真理之外，那就是对理性的一种误解。正是这个反映，使真理成为发展出来的结果，而同时却又将结果与其形成过程之间的对立予以扬弃。[4]

为了让人们能正确对待“中介”，黑格尔甚至以一种劝诫的口吻写道：“要有耐心，这是说，必须忍耐这条道路的辽远，因为每个环节都是必要的。”[5]

显然，对于休闲的理解与研究，如果我们要获得一种真理性的认识，

[1] 张世英：《自我实现的历程：解读黑格尔〈精神现象学〉》，山东人民出版社，2001 年，第 25 页。
[2] 〔德〕黑格尔：《小逻辑》，贺麟译，上海人民出版社，2009 年，第 232 页。
[3] 〔德〕黑格尔：《精神现象学》，贺麟、王玖兴译，商务印书馆，1979 年，第 16 页。
[4] 〔德〕黑格尔：《精神现象学》，贺麟、王玖兴译，商务印书馆，1979 年，第 12 页。
[5] 〔德〕黑格尔：《精神现象学》，贺麟、王玖兴译，商务印书馆，1979 年，第 19 页。

也必须将其看作一种包含了所有过程的全体。休闲不是一个瞬间的体验，虽然体验是理解休闲的一个核心维度，但是正如凯利所正确指出的那样，“这种模式最明显的缺陷就是体验的瞬时性”[1]。实际上休闲是经过了一系列中介发展而来的全体，任何专注于最后的或者是“高峰”的体验，而将达到这种“高峰”的任何中介排除在外的对休闲的理解，都无法把握休闲的本质，都无法成为对休闲的真理性认识。因为“真理是全体”，而全体就是一种发展过程的总和，所以本质性的认识就是对作为过程的全体的认识。休闲所追求的固然在很大程度上都是一种瞬间性的体验，但是这种体验并不是将之前的过程抽象地排除在外，而是将它们——用黑格尔的语言就是——“扬弃”，即将这些过程作为一种环节纳入自身，没有了这些环节也就不会有所谓的“高峰”体验——没有谷，何来峰？

第二，如何理解作为一种过程的休闲？或者说休闲究竟是怎样的一种过程？

凯利虽然提出了休闲是一种动态的“成为状态”，但是究竟这种“成为状态”是怎样的，凯利并没有具体阐述。而且这种状态究竟是成为一种什么样的人，或者说休闲的过程的方向性或目的性究竟何在，凯利也没有说明。而这两个问题又是我们理解作为一种过程的休闲所绕不过去的。

对于休闲是怎样的过程，我们可以从两个方面来理解。一方面，从经验的层面理解，任何休闲都包括休闲期待、休闲准备、休闲进行、休闲回想这几个基本的阶段（尽管在具体的休闲活动中，这种过程的具体形式会有所不同，如克劳兹和内森就指出，旅游包括期待、旅行、参与、旅行、回忆五个阶段[2]），它们之间的前后相继才构成了一个具有丰富内容的休闲。人们在休闲的过程中，一般总是先在心中产生一个休闲的念头，如去旅游、去逛街、去参加朋友聚会等，一旦这个念头在心中产

[1] 〔美〕约翰·凯利：《走向自由：休闲社会学新论》，赵冉译，云南人民出版社，2000年，第44页。
[2] 〔美〕杰弗瑞·戈比：《你生命中的休闲》，康筝译，云南人民出版社，2000年，第238页。

生并因而对即将进行的休闲活动产生一种期待，作为一个完整过程的休闲就已经开始，这种期待的体验是休闲体验的一个重要组成部分，它甚至在主体没有进入休闲活动时就已经使人产生了一种休闲体验。紧接着休闲期待的是休闲准备，即为将要进行的休闲活动进行必要的准备（当然有些休闲活动的参与并不需要什么特别的准备，就如人们常说的那样，说走就走，但这只能说明某些休闲活动所需的准备极少，并不能否定休闲在一般意义上有一个准备的阶段），如采购必要的物品、穿戴合适的服饰、寻找合适的场所、等待合适的时机等。在休闲之中，这个阶段有时候或许并不是很轻松的，但并不能因此否定其作为休闲的不可或缺之一部分的意义，因为轻松并不是休闲的必要条件，至少休闲并非必然要求一种自始至终的轻松，有时候累与紧张（虽然它们本身不能被称为休闲或休闲体验）作为一种过程或中介，与获得休闲的体验是不矛盾的，所以人们才会说："累，但累得很舒服。"接下来即是休闲进行的阶段，这是在之前的休闲期待与休闲准备都完成以后，人们开始进入一种特定的休闲"活动"，如创作、观赏、运动等。当然这种活动也可以是不动的，如静静地坐着，让自己沉浸在一种特定的外在环境或内在心境之中。人们的休闲体验主要来自这个阶段，所以这个阶段在整个休闲过程中具有突出的地位，但它的突出一是由于前面两个阶段的烘托；二是由于后一阶段的强化，即通过回想之前的休闲活动而得到增强。因此，休闲回想也是整个休闲过程中非常重要的一个阶段。休闲活动虽然在活动进行时能给人带来丰富的休闲体验，如轻松、自在、内心丰富、平静、收获等，但是有些休闲活动的意义在进行过程中并没有被明显地意识到，反而是通过事后在一种特定的环境或心境中的回想使得当时的活动具有了更加丰富而深刻的意义。这种回想以及通过回想而达到意义的增强发生在具体的休闲活动之后，如旅游回来的路上、回到家以后与家人朋友分享旅游过程中的体验等，有时这种回想甚至发生在具体的休闲活动结束很久之后，但这仍然应当被认为是完整的休闲过程的一个必要环节，所谓"此情可待成追忆，只是当时已惘然”，有的休闲体验确实要等到时过境迁以后才能感悟得到或者才能达到一定的深度。

另一方面，从形而上的层面理解，也是对休闲过程的方向性或目的性的理解。休闲是一个从对（程式化）日常生活的否定，再到否定之否定，即在一个更高的层次上对日常生活的肯定的过程。从个人存在的角度来看，就是人从自在的存在到自为的存在再到自在自为的存在的过程，而这正是“成为人”所没有揭示出来的、从什么样的人成为什么样的人的过程，揭示了作为一种过程的休闲的方向性与目的性。任何一种休闲，只要能被称为休闲，首先都是在一定意义上对日常生活的否定；或者是通过出走，如旅游的方式来否定；或者是通过逃避，如逃向一本好书以暂时躲进自己的精神世界的方式来否定；甚至就是在这种日常生活本身中通过发挥自己的自主性与创造性——不管是在工作中，还是在家庭生活中——来否定日常生活的自发性、被动性与程式化。这种否定——有时是自觉的、有时是不自觉的——是休闲的一个阶段，它只是对日常生活中的程式化进行否定，这种否定是必要的，但人不能始终在这种否定中生活，休闲也不能始终是这种否定，真正的休闲还会从这种否定走向否定之否定，即从这种对日常生活的否定中再次出走，回到日常生活之中，即在一种更高的层次上对日常生活的肯定，达到一种自我的自主性与日常生活的程式化之间的和谐，而不再是单纯地否定这种程式化，也不再是单纯地强调自主性。休闲的真正目的，或许并不是让人出走，或者说出走只是一种中介，其真正的目的是使人们能够以一种圆融的心态回到生活中，使人们能在自我决定与社会建制的制约之间实现一种协调。从个人存在的角度来看，休闲所谓的“成为人”，首先是使人从潜在的、抽象的自在的存在，走向否定性的、分化的自为的存在，即意识到自己的存在并将自我与世界分立的存在，正是在这个阶段中，人才使得自己成为人。正如黑格尔所言：“诚然，胎儿自在的是人，但并非自为的是人；只有作为有教养的理性，它才是自为的人，而有教养的理性使自己成为自己自在的（所）是的那个东西。”[1] 但是真正成为人还有更高的目标，即成为自在自为的人，从自我与世界的分立的自为的人上升为对自我与世界的肯定的自在自为的人，达到自在自为的存在才是具体的、丰富的人的自由的存在。这才是真正的“成为人”或者是所谓的“向道生成”[2] 的含义所在，也是作为一种过程的休闲的方向与目的所在。而真正的休闲必须以这种自在自为的存在为目的，而且只有以此为目的，休闲的其他特殊目的才有可能更好地实现，正如黑格尔所指出的，“只有达到了自在自为的存在时，才可以达到特殊的目的”[3]。如果单纯以出走或逃避等为目的，则必然会走向休闲的异化。

四、系统论与辩证过程论视角中理解的休闲

概言之，从系统论的视角，我们可以将休闲看作是一种人们在特定的时间内，通过一定的活动并与环境发生交互对话的一种独特的生命体验。无疑，休闲的核心要素是人的体验，而且是一种非常个体化的体验，离开个体体验，任何外人的休闲描述与评论都是难以立足的。但是，我们同时强调，这种体验的获得是种种要素之间相互有机联系的结果，例如，人与人之间、人与自然之间以及人与整个社会文化之间的交互关系。所以，从系统论的视角来理解休闲，其要点在于防止对休闲进行孤立的理解，避免将其理解为自由支配的时间，或者任何以休闲的名义进行的活动，或者是某种孤立的自由或闲适的体验，凡此种种的孤立式理解都是属于只见树木不见森林，或者说盲人摸象式的理解，无法抓住事物本身之所是。

辩证过程论则进一步阐释了休闲发生的前后相继性以及不同阶段之间的相互影响。正是这种不同阶段的相互影响的整体，才构成一种完整的、可理解的休闲，否则，从任何阶段片面来看，很多活动与体验是无

[1] 〔德〕黑格尔：《精神现象学》，贺麟、王玖兴译，商务印书馆，1979 年，第 13 页。
[2] 赵玉强：《优游之道：宋代士大夫休闲文化及其意蕴》，上海古籍出版社，2017 年，第 17 页。
[3] 〔德〕黑格尔：《小逻辑》，贺麟译，上海人民出版社，2009 年，第 88 页。

法理解的。例如，单独去看一个人的登高望远的活动，我们就无法理解他何以能获得比一般人更多的休闲体验，我们也无法理解为什么一种紧张甚至不乏焦虑的投入活动，如棋类活动等会让人乐此不疲。

同时，作为一种有明确方向性与目的性，即有明确价值取向的休闲过程，使得我们对于休闲之何所是有更深刻的认识，即休闲既有经验层面的表征，又有形而上层面的、内在的价值维度，这种价值维度从根本上说就是人作为人在休闲中的实现或“成为人”。

虽然以系统来理解的休闲主要是静态的，而以过程来理解的休闲主要强调动态及其方向性，但是系统不仅是指各个静态构成要素之间以及要素与整体之间的关系，也是指动态过程中不同的阶段之间以及各阶段与整体之间的关系。系统本身就是一个变化发展的过程，系统有其自身的“生命发展周期”，所以作为过程来理解的休闲在某种意义上是对作为系统来理解的休闲的进一步深化，也是进一步突出系统的过程性。而休闲的各个阶段之所以具有前后相继的关系，正是因为它们之间不是孤立的，是相互影响而成为一个整体和系统，否则，我们就不能称它们为休闲过程中的不同阶段。同时，这两种理解也是相互补充的，作为系统来理解的休闲更强调其各个要素、要素与整体以及休闲作为整体与社会和文化环境之间的相互影响、相互制约的关系[1]；作为过程来理解的休闲更强调休闲体验或者休闲感的获得并非一种瞬间性的，而是需要经过一个过程，是整个过程赋予了休闲体验的丰富性。尤为重要的是，从过程的角度来理解休闲，是强调休闲的目的性、方向性，或者强调休闲的价值取向，即使人成为自在自为的人。

对本真的休闲的理解要求将休闲理解为一种系统和过程的结合。尽管这并没有界定本真休闲的全部，却为我们思考有关本真的休闲最重要的两个问题提供了思路。这两个有关本真休闲的问题就是，“何为休闲”以及“为何休闲”。按我们这里提出的思路，对于“何为休闲”，我们

[1] 赵玉强：《优游之道：宋代士大夫休闲文化及其意蕴》，上海古籍出版社，2017 年，第 34 页。

所追求的并不是一种简单的回答，我们要的是每个人都能从自己的角度出发，从系统和过程这两个角度出发，对“何为休闲”做出自由而具有创造性的回答，这是对抗现代性条件下休闲异化的基点所在；而对于“为何休闲”，答案是明确的，即为了使人成为人。

按照这种方式来界定的本真的休闲可以包容每个人对休闲的独特看法，所以，从实践的角度来看，按照这种方式来理解休闲具有较为广泛的适用性。而且按照这种方式来理解休闲也不会落入相对主义或虚无主义的窠臼，不会使休闲成为完全不可交流的“私人语言”，因为这种理解方式有着明确的价值取向。这也正是本真的休闲本身所要求的，即本真的休闲理应是容得下个性或本就应该包含个体性的普遍性和本真性。

综上，我们可以将休闲界定为：休闲是人们在一定的社会、文化环境中，在一定的时间内，通过特定的活动从而实现个体自在自为存在的过程。休闲的这一过程的本质特征在于主体性、创造性和自由精神。

第二节　休闲异化的界定

一、异化的概念

（一）作为一般概念的异化

“异化”的英文是 alienation，它的动词形式是 alienate。异化（alienation）被认为是现代语言中最难定义的一个词。[1] 据《牛津高阶英汉双解词典》，alienate 是指使某人疏远或冷淡，或者作为一个法律术语指让渡（财产）所有权。alienation 是指疏远，离间。根据英国文化思想家雷蒙·威廉斯的研究，alienation 具有许多意义：①在 14 世纪的英文中用来描述疏离的行动与疏离的状态，意指切断或被切断与神的关系，或是一个团体或个人与当时所被接受的政治权威关系产生决裂；

[1] 〔英〕雷蒙·威廉斯：《关键词：文化与社会的词汇》，刘建基译，生活·读书·新知三联书店，2016 年，第 50 页。

② 15 世纪起，它又一直被用来描述转让所有权或任何其他事物给他人的行为，尤其是有关权利、财产与金钱的转让；③由第②个意思引申为转让的结果，或者是被疏离状态；④在 15 世纪的拉丁文中意指损失、撤回或心志错乱（疯狂）。[1] 据国内学者王若水先生的考证，异化的英文词 alienation 是译自德语词 Entfremdung。[2] 侯才先生进一步考证了这个德语词的渊源，他指出，德语 Entfremdung 一词译自希腊文，意为分离、疏远、陌生化，它是由马丁·路德于 1522 年在翻译《圣经》时从希腊文《新约全书》移植到新高地德语中的，用来意指疏远上帝、不信神、无知。[3] 此外，Entfremdung 一词在德语非宗教的、世俗的使用中还融汇了拉丁语 abalienare 和 alienatio 两词的内涵。abalienare 一词在中古高地德语中为 anfremeden，意思是陌生化、剥夺、取走。alienatio 一词则指陌生、脱离、转让，意指权利和财产的转与、让渡。它在“权利转让”的意义上被运用于古典的自然法。[4] 所以，作为一般概念的异化大体上具有分离、疏远、陌生化、脱离等含义。

（二）作为哲学概念的异化

异化从一般概念转向哲学概念经历了一个逐渐演化的过程。在中世纪神学和经院哲学中，拉丁文 alienatio 主要揭示两层意思：一是指人在默祷中使精神脱离肉体，而与上帝合一；二是指圣灵在肉体化时，由于顾全人性而使神性丧失以及罪人与上帝疏远。在宗教改革时期，以加尔文为代表，把异化定义为精神死亡，即人因为原罪而使自己的精神与上帝产生疏离；在 18 世纪法国启蒙思想家卢梭的用法中，异化意指人被视为与他们原来的本性产生疏离，甚至完全被切断。这种疏离包括两种意蕴：一种是人与他们原始的自然产生疏离，一种是指人与他们永恒的

[1] 〔英〕雷蒙·威廉斯：《关键词：文化与社会的词汇》，刘建基译，生活·读书·新知三联书店，2016 年，第 50–51 页。

[2] 王若水：《“异化”这个译名》，《学术界》2000 年第 3 期，第 45–49 页。

[3] 侯才：《有关“异化”概念的几点辨析》，《哲学研究》2001 年第 10 期，第 74–75 页。

[4] 侯才：《有关“异化”概念的几点辨析》，《哲学研究》2001 年第 10 期，第 74–75 页。

本质天性产生疏离。[1]

“异化”一词最终在德国古典哲学中被提升为一个哲学概念。“把异化真正提升为一个哲学概念来运用始于黑格尔。”[2] 黑格尔的异化理论有两个特点。其一，在其以“绝对精神”为核心的体系中，异化不管是表现为一般精神的异化还是人的异化，实际上都是绝对精神异化的表现，也是绝对精神自我异化、自我实现的过程。在《精神现象学》中，黑格尔提出了一个著名的论点，即“一切问题的关键在于：不仅把真实的东西或真理理解和表述为实体，而且同样理解和表述为主体”[3]。这是黑格尔对斯宾诺莎以来的哲学的重大改进。[4] 无论是斯宾诺莎还是康德、费希特、谢林都将实体简单地理解为实体，而没有理解为一种具有自身能动性的主体。黑格尔基于一种作为主体的实体的思想，将绝对精神看作一种在自身内在矛盾的推动下，通过将自身异化，即外化为自然界、外化为人类精神并最终达到绝对精神，在这个过程中达到自身的完满实现。所以，黑格尔的异化理论中，其异化的主体是绝对精神自身，或者从某种意义上说，黑格尔的异化并没有走出精神的领域。马克思曾一针见血地指出：“在《精神现象学》中出现的异化的各种不同形式，不过是意识和自我意识的不同形式。”[5] 其二，在黑格尔那里，异化大约相当于对象化、外化，“因为在黑格尔的异化理论中，有这样一个结构：主体 = 人 = 自我意识，这样就必然把异化等于对象化”，“自我意识要认识自己，必须把自己先外化为对象，再克服对象、克服同自我意识不相适应的异化，回到自身”。[6] 黑格尔将异化等同于对象化而未进一步发掘其批判意义。不过，正如马克思所指出的：“《精神现象学》是一

[1] 〔英〕雷蒙·威廉斯：《关键词：文化与社会的词汇》，刘建基译，生活·读书·新知三联书店，2016 年，第 51 页。

[2] 侯才：《有关“异化”概念的几点辨析》，《哲学研究》2001 年第 10 期，第 74–75 页。

[3] 〔德〕黑格尔：《精神现象学》，贺麟、王玖兴译，商务印书馆，1979 年，第 10 页。

[4] 邓晓芒：《黑格尔〈精神现象学〉句读》，http://www.xiaomang.org/pdg。

[5] 〔德〕马克思：《1844 年经济学哲学手稿》，中共中央马克思恩格斯列宁斯大林著作编译局译，人民出版社，2000 年，第 100 页。

[6] 祝福恩：《异化概念不能滥用》，《哲学研究》1983 年第 12 期，第 72–73 页。

种隐蔽的、自身还不清楚的、神秘化的批判；但是，因为《精神现象学》坚持人的异化——尽管人只是以精神的形式出现，所以它潜在地包含着批判的一切要素，而且，这些要素往往已经以远远超过黑格尔观点的方式准备好和加过工了。关于'苦恼的意识''诚实的意识'，关于'高尚的意识和卑鄙的意识'的斗争等等这些章节，包含着对宗教、国家、市民生活等整个领域的批判的要素，不过也还是通过异化的形式。"[1]

费尔巴哈继承和改造了黑格尔的异化思想。与黑格尔从"绝对精神"出发不同，费尔巴哈理论的立足点是感性的人，其异化理论主要体现在对宗教的批判性研究中。费尔巴哈指出，"人之对象，不外就是他的成为对象的本质。人怎样思维、怎样主张，他的上帝也就怎样思维和主张；人有多大的价值，他的上帝就也有这么大的价值，决不会再多一些。上帝之意识，就是人之自我意识；上帝之认识，就是人之自我认识"，"人的绝对本质——上帝，其实就是他自己的本质"，"属神的本质不是别的，正就是属人的本质，或者，说得更好一些，正就是人的本质，而这个本质……被对象化为一个另外的、不同于它的、独自的本质，并作为这样的本质而受到仰望和敬拜"。[2] 如此，在上帝与人之间就出现了这样的关系，即"为了使上帝富有，人就必须赤贫；为了使上帝成为一切，人就成了无"[3]。因而，在费尔巴哈看来，人的本质异化为上帝的本质，反过来人还要对这种异化了的自身的本质——神——顶礼膜拜。费尔巴哈将异化不仅仅看成是对象化，而且看成是一种人的本质的丧失，而且将异化理论从纯粹精神领域延伸到宗教批判的领域，尽管还没有发展到人的实践生活的领域，但相对于黑格尔的异化理论来说，这是一种历史的进步。

---

[1] 〔德〕马克思：《1844 年经济学哲学手稿》，中共中央马克思恩格斯列宁斯大林著作编译局译，人民出版社，2000 年，第 100 页。

[2] 〔德〕费尔巴哈：《基督教的本质》，荣震华译，商务印书馆，1984 年，第 32 页、第 42 页、第 44 页。

[3] 〔德〕费尔巴哈：《基督教的本质》，荣震华译，商务印书馆，1984 年，第 58 页。

（三）马克思的劳动异化理论

尽管异化理论在马克思一生的思想发展中经历了不同的阶段，但是从整体上看，异化理论是贯穿马克思一生哲学思考的基本理论，这一理论在马克思哲学中占据基础性的、核心的地位和作用。[1]在《1844年经济学哲学手稿》和《詹姆斯·穆勒〈政治经济学原理〉一书摘要》中，马克思对"异化劳动"进行了深刻论述，详细分析了异化劳动的四种形式。

1. 工人同他的劳动产品的异化

工人同他的劳动产品的异化是指，"劳动所生产的对象，即劳动产品作为一种异己的存在物，作为不依赖于生产者的力量，同劳动相对立"，具体表现为"工人生产的财富越多，他的产品的力量和数量越大，他就越贫穷"，"物的世界的增值同人的世界的贬值成正比"，"工人在劳动中耗费的力量越多，他亲手创造出来反对自身的、异己的对象世界的力量就越大，他自身、他的内部世界就越贫乏，归他所有的东西就越少"。[2]马克思深刻地指出，工人同劳动产品的异化，使得工人在两个方面成为自己的对象的奴隶，"首先，他得到劳动的对象，也就是得到工作；其次，他得到生存资料。因此，他首先是作为工人，其次是作为肉体的主体，才能够生存。这种奴隶状态的顶点就是：他只有作为工人才能维持自己作为肉体的主体，并且只有作为肉体的主体才〔能〕是工人"[3]。

2. 工人在生产行为本身中使自身异化

劳动本身的异化表现为，首先，劳动对工人来说是外在的东西而不属于他的本质，因此工人在劳动中不是肯定自己，而是否定自己，工人只有在劳动之外才感到自己的存在。其次，一旦肉体的强制或其他强制

[1] 俞吾金：《从"道德评价优先"到"历史评价优先"——马克思异化理论发展中的视角转换》，《中国社会科学》2003年第2期，第95–105页；俞吾金：《再论异化理论在马克思哲学中的地位和作用》，《哲学研究》2009年第12期，第3–10页。

[2] 〔德〕马克思：《1844年经济学哲学手稿》，中共中央马克思恩格斯列宁斯大林著作编译局译，人民出版社，2000年，第51–52页。

[3] 〔德〕马克思：《1844年经济学哲学手稿》，中共中央马克思恩格斯列宁斯大林著作编译局译，人民出版社，2000年，第52–53页。

停止，人们会像逃避瘟疫一样逃避劳动。最后，这种劳动不是他自己的，而是别人的；劳动中的工人也不属于自己，而属于别人。[1]

3. 人的类本质和人相异化

人的类本质变成对人来说是异己的本质。人是类存在物，但是异化劳动使得自然界、人本身以及他自己的活动机能和他的生命活动同人相异化，也就使类同人相异化。异化劳动，一方面使得类生活和个人生活异化，另一方面把抽象形式的个人生活变成同样抽象形式和异化形式的类生活的目的。异化劳动把自主活动、自由活动贬低为手段，把人的类生活变成了维持人的肉体生存的手段。[2]

4. 人同人相异化

当人同自身相对立的时候，他也同他人相对立。因为，“凡是适用于人对自己的劳动、对自己的劳动产品和对自身的关系的东西，也都适用于对他人、对他人的劳动和劳动对象的关系”[3]。

因此，马克思指出：“通过异化劳动，人不仅生产出他对作为异己的、敌对的力量的生产对象和生产行为的关系，而且还生产出他人对他的生产和他的产品的关系，以及他对这些他人的关系。正像他把自己的生产变成自己的非现实化，变成对自己的惩罚一样，正像他丧失掉自己的产品并使它变成不属于他的产品一样，他也生产出不生产的人对生产和产品的支配。正像他使自己的活动同自身相异化一样，他也使与他相异的人占有非自身的活动。”[4]

总体说来，马克思的异化理论有以下几个特点。第一，马克思是将劳动异化看作人的生命的异化的物质的、感性的表现。也就是说，马克

---

[1] 〔德〕马克思：《1844 年经济学哲学手稿》，中共中央马克思恩格斯列宁斯大林著作编译局译，人民出版社，2000 年，第 54–55 页。

[2] 〔德〕马克思：《1844 年经济学哲学手稿》，中共中央马克思恩格斯列宁斯大林著作编译局译，人民出版社，2000 年，第 56–58 页。

[3] 〔德〕马克思：《1844 年经济学哲学手稿》，中共中央马克思恩格斯列宁斯大林著作编译局译，人民出版社，2000 年，第 59 页。

[4] 〔德〕马克思：《1844 年经济学哲学手稿》，中共中央马克思恩格斯列宁斯大林著作编译局译，人民出版社，2000 年，第 60–61 页。

思是将劳动异化作为分析人的异化的一种特殊的路径。马克思明确指出："这种物质的、直接感性的私有财产，是异化了的人的生命的物质的、感性的表现。"[1]私有财产是人的异化的表现，是劳动异化的结果。

第二，之所以从劳动异化这一路径来分析人的异化，一方面，因为劳动所在的领域即生产领域具有普遍的支配力，其他领域的异化都受生产的普遍规律的支配[2]；另一方面，因为劳动本来是人的自由生命的表现，是人的生命活动，"一个种的整体特性、种的类特性就在于生命活动的性质，而自由的有意识的活动恰恰就是人的类特性"[3]。

第三，马克思对异化的分析是建立在其对非异化的特定理解的基础上，建立在对本真的人和本真的劳动分析的基础之上。"异化理论只能被理解为非异化状态的缺失，每一种状态都是另一种状态的参照点。"马克思正是用"异化"指一种"远离"或"达不到"的非异化的人类存在状态，也正是在这种意义上和在这个范围内，马克思把异化看作是"不应有的偏差、缺陷"。[4]

马克思对非异化状态的高度概括就是共产主义的生活状态。用马克思的话来说，这种生活状态是"通过人并且为了人而对人的本质的真正占有；因此，它是人向自身、向社会的即合乎人性的人的复归，这种复归是完全的、自觉的和在以往发展的全部财富的范围内生成的……它是人和自然之间、人和人之间的矛盾的真正解决，是存在和本质、对象化和自我确证、自由和必然、个体和类之间的斗争的真正解决。它是历史之谜的解答，而且知道自己就是这种解答"[5]。

---

[1] 〔德〕马克思：《1844年经济学哲学手稿》，中共中央马克思恩格斯列宁斯大林著作编译局译，人民出版社，2000年，第82页。

[2] 〔德〕马克思：《1844年经济学哲学手稿》，中共中央马克思恩格斯列宁斯大林著作编译局译，人民出版社，2000年，第82页。

[3] 〔德〕马克思：《1844年经济学哲学手稿》，中共中央马克思恩格斯列宁斯大林著作编译局译，人民出版社，2000年，第57页。

[4] 〔美〕奥尔曼：《异化：马克思论资本主义社会中人的概念》，王贵贤译，北京师范大学出版社，2011年，第162页。

[5] 〔德〕马克思：《1844年经济学哲学手稿》，中共中央马克思恩格斯列宁斯大林著作编译局译，人民出版社，2000年，第81页。

在《1844年经济学哲学手稿》中，马克思继承了费尔巴哈关于人是一种类存在的观点，指出："动物和自己的生命活动是直接同一的。动物不把自己同自己的生命活动区别开来。它就是自己的生命活动。人则使自己的生命活动本身变成自己意志的和自己意识的对象。他具有有意识的生命活动。这不是人与之直接融为一体的那种规定性。有意识的生命活动把人同动物的生命活动直接区别开来。正是由于这一点，人才是类存在物。"[1] 而这种类本质的对象化，当然是非异化的对象化，就是本真的劳动。一是人正是在这种对象化了的本真的劳动中认识自己的本质，并由此丰富和发展人的各种感觉。二是本真的劳动应当是人的自由和自主的生命活动，是"自由的生命表现，因此是人生的乐趣"，而不应是痛苦的活动。三是本真的劳动应当是人的内在的必然需求，而不是由于外在的强迫而加在人身上的、只要强制解除人就会逃离的偶然的活动。四是本真的劳动是属于人的劳动，是"我真正的、活动的财产"，而不是属于非我的他人的。五是本真的劳动必然是一种社会性活动，"这是因为人作为个体存在物具有的一种类本质，人在外化自身的个体性因素时，内在的本质也同时被外化了。因此，一个人即便在进行一种单个人的劳动时，这种劳动也依然是社会性的劳动，他也依然是一种社会存在物"[2]。

第四，马克思分析劳动异化的立意，最终在某种意义上要归结到对私有财产的分析，以找到实现工人解放、实现人的普遍解放的钥匙。他分析劳动异化，推导出作为异化劳动的直接结果和必然后果的私有财产，进而从私有财产对真正的人和社会关系的异化，来归纳作为异化劳动的结果的私有财产的普遍本质，然后再进一步讨论共产主义如何通过对私有财产进行扬弃，也就是通过对人的自我异化的扬弃实现人对人的本质

[1] 〔德〕马克思：《1844年经济学哲学手稿》，中共中央马克思恩格斯列宁斯大林著作编译局译，人民出版社，2000年，第57页。

[2] 〔美〕奥尔曼：《异化：马克思论资本主义社会中人的概念》，王贵贤译，北京师范大学出版社，2011年，第131–132页。

的真正占有，而且是以一种全面的方式占有人的全面的本质。[1]

二、休闲异化的界定

本书是在马克思的意义上使用异化一词，也是在异化的这种意义上来使用休闲异化的。但是，休闲异化并不是简单地将马克思对劳动异化的分析套用到对休闲的分析之上，尽管二者有很多相通和可以类比的地方。

这里存在两个问题：第一，何以能在马克思异化理论之后提出休闲异化的问题？第二，何以要在马克思对异化作出深刻的分析与批判之后再提出休闲异化的问题？

基于上文对马克思异化理论的特点的说明，对于第一个问题，可以说本书正是受到马克思对劳动异化和人的异化的分析的启发，才提出所谓的休闲异化问题的，并且也是将休闲异化纳入人的异化的视野展开研究。相对于马克思高远的立意和宏阔的视野，本书只是在伟人开创的大道上进行一些也是十分必要但仍属细节性的爬梳工作。具体说来，本书所提出的休闲异化同样是奠基在对人的本质的特定理解以及对本真休闲的特定理解之上的，同样，本书也是将休闲看作人的生命异化的一种表现形式。

对于第二个问题，即为什么还要提一种休闲异化，本书认为尽管马克思对人的异化尤其是劳动异化进行了深刻的分析，但是他并没有穷尽对人的所有异化形式的分析，更重要的是，虽然劳动异化具有决定性意义，但随着社会的现代化及文化的现代性进程，休闲异化越来越成为一个需要认真审视的问题。

为什么休闲异化是一个需要认真审视的问题呢？从根本上说，这涉及休闲异化与人的关系。这也是对本书所提出的休闲异化的进一步阐明，

---

[1] 〔德〕马克思：《1844年经济学哲学手稿》，中共中央马克思恩格斯列宁斯大林著作编译局译，人民出版社，2000年，第62–81页。

即本书所提的休闲异化一方面基于对本真休闲的特定理解，另一方面又深刻地依据一种对人的本质的特定理解。对于与异化休闲相对的本真的休闲，前文已经做了详细阐述。在此，本书将重点讨论休闲异化与人之间的关系，而对休闲异化或异化了的休闲与人之间的关系的理解又基于休闲与人之间的关系，也就是首先要解决本真的休闲何以是一种与人相契合的生存方式。只有先充分说明这个问题，才能理解休闲异化对于人的本真存在而言为什么是一个紧迫的问题。所以接下来本书将主要研究以下两个问题，即：本真的休闲与人的本真存在的关系以及休闲异化与人的异化的关系。

（一）本真的休闲与人的本真存在的关系

对于本真的休闲与人的关系，先贤以及现代的休闲研究者都有大量的论述。被称为休闲研究之父的亚里士多德早在两千多年前就对休闲的本真含义及其与人的存在的关系做出过较为系统的论述。他反复地指出，“我们全部生活的目的应是操持闲暇”“人生所以不惜繁忙，其目的正是在获致闲暇”等。尽管有学者指出，亚里士多德关于休闲的思想其中包含着一种其作为奴隶主哲学家的意识形态因素以及阶级偏见[1]，但这并不能完全抹杀其思想中对休闲与人的关系的论述的真理成分。古罗马哲学家塞涅卡指出，只有在闲暇中我们才能“退隐到最杰出的人群中，选取其中一些做我们的榜样，让他们指导我们的生活……唯有在闲暇时，我们才可能坚持做我们立志要做的人……唯有在闲暇时，生活才能沿一条单一平坦的路径进展，我们现在的生活有太多杂乱的目标让我们分心”[2]。而在中国古代，无论是儒家、道家还是释家，都有一个传统，即不仅将休闲看作一种生活方式，同时也看作一种具有超越性的人生境

[1] Charles Sylvester. “The classical idea of leisure: Cultural ideal or class prejudice?”, Leisure Science, 1999(1): 3–16.

[2] 〔古罗马〕塞涅卡:《哲学的治疗：塞涅卡伦理文选之二》, 吴欲波译, 中国社会科学出版社, 2007 年, 第 67 页。

界。[1] 正如戈比所指出的："拥有闲暇是人类最古老的梦想——从无休止的劳作中摆脱出来；随心所欲，以欣然之态做心爱之事；于各种社会境遇随遇而安；独立于自然以及他人的束缚；以优雅的姿态，自由自在地生存。"[2] 中国休闲学者马惠娣以诗意的语言道出：休闲是人类美丽的精神家园。凡此种种，可以说本真的休闲与人之间的契合关系已经得到了充分的阐述，而且也已经成为一种共识（尽管仍然有人对于休闲与人的存在之意义与价值抱有不屑的看法，但这其实是因为本真的休闲被遮蔽，本书将在后面章节展开论述），这种共识尤其体现在两份权威性的文件中。一份是 1948 年联合国大会通过并颁布的《世界人权宣言》，其中第 24 条明文规定：人人有享受休息和闲暇的权利，包括工作时间有合理限制和定期给薪休假的权利。另一份是 2020 年由世界休闲组织理事会正式批准发布的《休闲宪章》，对休闲作为人的基本权利做出了更为具体的阐述。这两份文件对休闲作为一种基本人权的确认，正是基于休闲对人的价值，也表明休闲对人的价值得到了最普遍的认可。

总括这些关于休闲与人的关系的观点，即本真的休闲是一种与人相契合的生存方式，笔者也完全持这种观点。但是，我们要进一步追问的是：为何本真的休闲是与人相契合的生存方式？这一问之所以重要，是因为这个问题一直被遮蔽，我们一直只是在谈休闲有多重要，但没有对这二者之间的契合关系进行有力的论证，某种程度上说，正是因此，才会有很多怀疑甚至否定休闲对人的价值的观点。所以我们不仅需要指认休闲与人的关系，更要对这种关系做出学理上的论证。

首先，本真的休闲是人的本质力量的外化和体现。如果说真正的劳动是人的自由生命的体现，可以给人以乐趣和享受，那么休闲同样也是人的自由生命的体现。人的本质力量外化的最主要形式无疑是创造了人类本身的劳动，但同样人的本质力量也体现在人的休闲之中。具有何种

---

[1] 胡伟希、陈盈盈：《追求生命的超越与融通：儒道禅与休闲》，云南人民出版社，2004 年，第 3 页。

[2] 〔美〕杰弗瑞·戈比：《你生命中的休闲》，康筝译，云南人民出版社，2000 年，第 1 页。

本质性的内在力量的生命就会有何种休闲，不同的人所从事的休闲活动以及从事休闲的方式是不一样的，正如马克思所指出的，“对于没有音乐感的耳朵来说，最美的音乐毫无意义，不是对象，因为我的对象只能是我的一种本质力量的确证，就是说，它只能像我的本质力量作为一种主体能力自为地存在着那样才对我而存在，因为任何一个对象对我的意义（它只是对那个与它相适应的感觉来说才有意义）恰好都以我的感觉所及的程度为限”[1]。所以，一个庸俗的人是不可能有高雅的休闲的，一个内心贫乏的人也不可能在休闲中获得丰富的体验。

其次，本真的休闲与人的本真的存在二者的内在逻辑是相契合的。如果说“逻辑”是指柏格森所要反对的人类用来分析凝固物的理智工具的话，那么这里使用人的生命存在的逻辑其实是不准确的。因为无论是本真的休闲还是人的存在都是流动的过程，无法将其固定下来然后使用概念的显微镜来对其进行分析研究。但是，即使主张生命的绵延的柏格森也仍然使用了这一概念，只是在非柏拉图主义的意义上，并不作为“理型”或“相”的意义使用而已。我们这里使用的人的生命存在的内在逻辑也是在非柏拉图主义的意义上来使用的，是一种比较宽泛的用法，或许比较类似于“精神气质”一词。

对于休闲以及人的生命存在的内在逻辑，学界有着各种各样的概括，尤其是人的生命存在，自古以来就是哲学家思考的永恒主题之一，不同流派的哲学家对这个问题做出了不同的甚至是截然相反的论断。我们对本真的休闲的理解是建立在一种特定的对人的问题的思考基础之上的。所以，我们在论证本真的休闲与人的生命存在的内在逻辑的契合性时，也是基于或本身就是我们对于人的生命存在的一种独特理解，也是对于本真的休闲的一种更加深入具体的阐述。

为什么本真的休闲与人的本真的生命存在二者的内在逻辑必然是契

[1] 〔德〕马克思：《1844年经济学哲学手稿》，中共中央马克思恩格斯列宁斯大林著作编译局译，人民出版社，2000年，第87页。

合的呢？很简单，因为本真的休闲必然是属人的，这里的人当然是指非异化了的本真的人，任何不属人的休闲都必然不是本真的休闲，处在这种休闲中的人也必然不是本真存在着的人。显然，简单的形式逻辑知识就能告诉我们，并不是说人的本真的存在只有本真的休闲这样一种方式，我们只可以说本真的休闲是本真的人的生命存在的一种方式[1]。

概括来说，本真的休闲与人的生命存在的内在逻辑之间的契合主要体现在以下两个方面。

第一，以自由创造为自身的标志。自由创造性其实是面向未来的时间向度的自然延伸或者具体化。自由与创造之间是一而二、二而一的关系，没有自由谈不上创造，真实的自由总是有所创造的，“自由只有在经过行动检验并被发现有所创造后才是真实的”[2]。尼采说：“只有在创造中才有自由。”[3]所以谈自由就是在谈创造，谈创造也就是在谈自由，将二者放在一起只是为了更清晰地表达其中包含的意思。

本真的生命存在就是一种自由创造的过程。即使将人放在设限最多的岗位上，也不能完全扼杀人的创造性，人仍然可以作为人而表现出自己的创造性，他在这个岗位上的所作所为肯定不同于机器人的所作所为，因为他可以创造性地参与到工作中去，如果没有这一点的话，人也就不能被称为人了。放眼望去，我们的周围无不体现了人的生命的自由创造性，整个自然的人化从整体上来看都是人的本质力量（而非本体论意义上的人的本质）的创造性的体现。以原生态的形式进入人的世界的自然也已经有了人的创造性了，因为同样一片自然风光，在不同人的眼中有着不同的意蕴，这难道不是人的创造性的体现吗？

柏格森对作为一种创造过程的生命存在做出了精辟的论述。在其名

---

[1] 这里的逻辑关系在于，本真的人的存在要么是在本真的休闲之中，要么是不在休闲之中，即本真的人可以存在于本真的休闲之中，也可以存在于非休闲之中，但不能存在于异化的休闲之中。就是说在真正的休闲中可以找到人的真正的存在，但并非只有在这里才能找到人的存在，还可以在其他的活动，比如自己选择的、有利于丰富自己生命的任何一种存在方式都有可能是一种人的本真的存在方式。

[2] 〔美〕约翰·凯利：《走向自由：休闲社会学新论》，赵冉译，云南人民出版社，2000年，第68页。

[3] 周国平：《尼采：在世纪的转折点上》，上海人民出版社，1986年，第102页。

著《创造进化论》中，他指出，“在某种程度上，我们就是我们的所作所为，我们在持续不断地创造着我们自己”，“对于有意识的生命来说，要存在就要变化，要变化就要成熟，而要成熟，就是要永无休止地进行自我创造”。[1] 柏格森集中批判激进机械论与激进目的论在生命观上的错误，指出二者所犯的错误具有共通点，即将人类思考凝固事物、思考无机物的逻辑用来思考人的生命存在，将仅仅为了人类行动方面所做的思考用于思考生命存在本身，或者将仅仅作为一种理智工具的逻辑用来思考整个人的存在。逻辑只是人类无数天才创造物之一，怎能反过来界定整个人呢？而行动只是人的生命存在的副产品，它又怎能等同于生命存在本身呢？[2] 尽管我们的生命存在中到处都有机械作用，目的性也无处不在，我们有时甚至将目的性与计划性作为人的具体行为的基本特征，但是，当我们的思考对象是整个人，那么，无论是机械决定论的观点还是目的论的观点，都显示出人类理性的独断，即将人类的行为专断为要么是先前行为的机械结果，要么是为了实现一种意图。但是，正如柏格森所指出的：“机械论和目的论在这里只是我们行动的外部视角。它们提炼出我们行动之中的智力性，但我们的行动在它们之间滑动，并远远伸展出去。”[3]

其实将生命看作一种自由创造的过程正是存在主义对待生命的基本态度。在存在主义先驱尼采看来，创造是人的本质的存在方式，是人的本质的实现，是人生意义之所在。人的自由、幸福以及超越性都可以归结为创造。生命的意义就在于采取行动来创造自我、达到真实的存在（无论是痛苦还是快乐）。存在主义的基本命题“存在先于本质”，其最核心的意义就是人的存在是由人的行动创造出来的。萨特在其哲理小说《恶心》和戏剧《禁闭》等作品中表达，现存皆为虚假，获得有意义的存在

[1] 〔法〕亨利·柏格森：《创造进化论》，高修娟译，安徽人民出版社，2013 年，第 8 页。
[2] 〔法〕亨利·柏格森：《创造进化论》，高修娟译，安徽人民出版社，2013 年，第 53 页。
[3] 〔法〕亨利·柏格森：《创造进化论》，高修娟译，安徽人民出版社，2013 年，第 50 页。

的唯一路径就是去创造意义。而在现象学看来，人这种存在者没有任何现成的概念或经验的本性，而只在“去存在”这种向边缘（前或后）投射的态势中成为自身，人是一种纯粹构成性的存在。[1]其实，强调人的自我创造，这是马克思以及许多现代哲学家的共同立场[2]，只是各自所强调的方面有所不同而已。

本真的休闲也正是以自由创造为标志的。任何作为本真的、属人的休闲都必然以人的创造性参与为前提，对创造性的扼杀或抹杀就是对休闲本身的抹杀。凯利从社会存在主义（social existentialism）的角度指出，休闲是创造意义的活动的实现，它不由共识或动力体系下社会力量的工具性目的所决定。这种行动的根本是肯定格式塔（gestalt）内部可能性的存在主义现象学，他认为，行动既能创造意义，又对社会力量的作用做出反应。即使休闲并不一定能完全摆脱意识形态的扭曲或结构的约束，但只要休闲具有相对自由行动的可能性，它就可能为游戏以及创造性活动提供特别的环境。所以，“我们并不能臆断，在某一固定的社会环境中果真存在某种不变的东西，而它的名字就叫‘休闲’。其实，休闲是一种构造，它以经验为基础，由无数次经验的交流组合而成。休闲是在构造过程中被体验到的现象……休闲（如其他任何社会活动一样）是在具体环境中构造出来的，其中有许多或然因素，需要不断重构以适应互动与交流的需要。从这个角度来看，休闲是由多种不同的、可被识别与分析的要素共同构成的体验。然而，每一次休闲体验也是一次新的创造”，“休闲是创造，是决定与行动的产物”。[3]从最简单的例子来看，同样参加一次旅游，如果只是机械地跟随，人们是无法获得真正的休闲体验的。即使是听一首歌、看一幅画、一次漫步等简单的活动，如果要成为一种休闲，则必然要有人的创造性参与。如果没有了创造性的参与，这

---

[1] 张祥龙：《海德格尔思想与中国天道：终极视域的开启与交融》，生活·读书·新知三联书店，2007年，第95页。

[2] 周国平：《尼采：在世纪的转折点上》，上海人民出版社，1986年，第86页。

[3] 〔美〕约翰·凯利：《走向自由：休闲社会学新论》，赵冉译，云南人民出版社，2000年，第59页。

些活动可能只是一次纯粹的商业活动或是个人的自我锻炼，但绝不可能是休闲。

休闲所提供的相对自由的处境使得创造成为可能，同时也正是创造性使得休闲的自由成为一种真实的自由。

休闲的认知与生产性价值来源于其自由创造性。正是由于休闲的自由创造性，人们才可能在休闲中获得并非在活动之前就预计到的认知，或许是对自身的认知，或许是对某一具体事物乃至整个世界的认知。而这种非预见性的认知摆脱了既往的条条框框的限制（并不是说这些条条框框都是负面的），往往具有开创性的价值。休闲能够创造出一种自由创新的氛围，在休闲之中，人们不必非要产生什么特定的结果，因而人们能够充分发挥自身的潜能，从而于不期之间创造出超出想象的事物。这些创造性的认知及生产的结果绝非休闲刻意追求的，而是休闲内在的自由创造性的逻辑的自然绽放。

皮珀所言的休闲的超越性正是依赖于休闲的自由创造性，正是在自由创造的休闲中，人们创造着超越自我、但属于自我的存在。

休闲与人的幸福之间的内在关联，也依赖于休闲的自由创造性。人作为人，如果只能像机器一样生存是没有幸福可言的。人在休闲中能获得幸福的体验，最根本的原因在于休闲能将人的自由创造的本性或本质（非本体论意义上的本质，而是生存论上的本质）体现得淋漓尽致，让人体验到无限的生存的快意（包括但不只是一般意义上的快乐）。

第二，朝向未来的时间向度。本真的休闲与人的生命的本真存在都以自由创造为自身的标志，这揭示了二者所共同具有的朝向未来的时间向度。

时间至为常见，但有关时间的问题却也至为繁难。最早意识到这个问题的或许是奥古斯丁：

> 时间究竟是什么？谁能轻易概括地说明它？谁对此有明确的概念，能用语言表达出来？可是在谈话中，有什么比时间更常见，更熟悉呢？我们谈到时间，当然了解，听别人谈到时间，我们也领会。那么时间究竟是什么？没有人问我，我倒清楚，有人问我，我想说明，便茫然不解了。[1]

近代时间观念是由牛顿提出的，尽管康德的时空观对牛顿的绝对时空观有所修正，但仍然是把时间作为绝对的框架来看待的。[2] 只不过在康德那里，时间由经验的绝对框架变为先验的绝对框架。

柏格森认为前人的时间观都是将时间当作一种空间的东西来思考了。他认为，我们在思考时间的时候总是很难摆脱沙漏这一空间形象，所以尽管我们生活在时间之中，但却并不思考真正的时间。[3] 在柏格森看来，真正的时间而非科学和人的理智所处理的时间是绵延。

尽管这些思想家都给予时间以充分的重视，但是笔者认为，只有海德格尔才真正将时间与人的生存直接联系起来进行思考。海德格尔将其最重要的著作命名为《存在与时间》（海德格尔还做过一个演讲，名为《时间与存在》）是因为，在他心目中，在本体论上，时间被认为是人的存在的意义[4]，“此在之存在建制植根于时间性之中”[5]。或者可以说在其心目中，“此在存在的意义即是时间性”[6]。同时，时间是人们看待存在论问题的最基本和逃避不了的视域[7]，“时间性乃是存在领悟一般之可能条件，对存在的领会与概念把握是从时间出发的”[8]。

---

[1] 〔古罗马〕奥古斯丁：《忏悔录》，周士良译，商务印书馆，1963 年，第 242 页。
[2] 陈嘉映：《海德格尔哲学概论》，生活·读书·新知三联书店，1995 年，第 116 页。
[3] 〔法〕亨利·柏格森：《创造进化论》，高修娟译，安徽人民出版社，2013 年，第 20 页、第 49 页。
[4] 〔德〕马丁·海德格尔：《面向思的事情》，陈小文、孙周兴译，商务印书馆，1996 年，第 33–34 页。
[5] 〔德〕马丁·海德格尔：《现象学之基本问题》，丁耘译，上海译文出版社，2008 年，第 306 页。
[6] 陈嘉映：《海德格尔哲学概论》，生活·读书·新知三联书店，1995 年，第 119 页。
[7] 张祥龙：《海德格尔思想与中国天道：终极视域的开启与交融》，生活·读书·新知三联书店，2007 年，第 137 页。
[8] 〔德〕马丁·海德格尔：《现象学之基本问题》，丁耘译，上海译文出版社，2008 年，第 375 页。

在此在存在的三时相中，“将来”是“重心”或“龙头”。[1]海德格尔指出，“只要此在存在，在此在中就有某种它所能是、所将是的东西亏欠着”，“此在本真地从将来而是曾在。先行达乎最极端的最本己的可能性就是有所领会地回到最本己的曾在来。只有当此在是将来的，它才能本真地是曾在”。[2]之所以是将来而不是流俗的时间观中的现在对人的生存来说具有首要的意义，“就是因为这作为能在而统领已在和当前的将来最鲜明地体现出了缘在的非现成的缘构本性”[3]。海德格尔用“向死而生”来说明获得人的整体的路径，说明人只有向着“死亡”这一“最本己的、无所关联的和不可逾越的终结”来“筹划”才能获得最本真的生存。

所以说，人的本真的生存从本质上来说是朝向将来的。只要此在真正地生存着，他的时间向度就是将来。如果哪一天人没有了将来，没有了“尚未”，人就不是作为人而存在。

对于人的生存的未来向度，文化哲学家卡西尔也做出过深刻的论断：

> 我们更多的是生活在对未来的疑惑和恐惧、悬念和希望之中，而不是生活在回想或我们当下的经验之中。乍一看来这似乎是一个很成问题的人类天资，因为它在人类生活中引入了一个相异于一切其他生活的不确定成分。好像是如果人摆脱了这种虚幻观念，摆脱了对未来的海市蜃楼式的幻想，人就一定会更聪明和更幸福些似的……但是人绝不会遵从这种劝告。思考着未来，生活在未来，这乃是人的本性的一个必要部分。[4]

---

[1] 张祥龙：《海德格尔思想与中国天道：终极视域的开启与交融》，生活·读书·新知三联书店，2007年，第136页。

[2] 〔德〕马丁·海德格尔：《存在与时间》，陈嘉映、王庆节译，生活·读书·新知三联书店，2006年，第269页、第371页。

[3] 张祥龙：《海德格尔思想与中国天道：终极视域的开启与交融》，生活·读书·新知三联书店，2007年，第136页。

[4] 〔德〕恩斯特·卡西尔：《人论》，甘阳译，上海译文出版社，2004年，第73页。

> 未来不仅是一个映象，它成了一个“理想”。这种变化的意义在人的文化生活的一切阶段都体现了出来。当人还整个地沉浸在他的实践活动中时，这种区别还不是清晰可见的……但是关于未来的理论的观念——这种观念是人的一切高级文化活动所非有不可的先决条件——则是一种完全不同的类型。它与其说是一种单纯的期望，不如说已变成了人类生活的一个绝对命令。[1]

同样，我们也可以说休闲的时间向度是未来。休闲与时间的关系可以从以下几个方面来把握。

首先，休闲总是发生在时间之中。没有不需要时间的休闲，尽管休闲并非要发生于一个特定的休闲时间之中，它甚至可以发生在任意的一个时刻，但总是一个时刻。

当我们处在休闲中的时候，会无意识地忘记时间的存在，所谓“乐以忘忧，不知老之将至”。这种忘记时间是什么意思呢？这种忘记时间或许正是本真的休闲与时间本真的时间的契合，这里所忘掉的时间其实只是机械的时间、钟表的时间，而不是我们真正“生活于其中”的时间。

其次，休闲是一种以朝向将来的筹划为前提的“安住当下”。休闲当然强调一种当下、现世的安稳，但绝不是“心灵鸡汤”所谓的那种“不念过去、不畏将来”的“活在当下”。昆德拉在其小说《慢》的开篇中提供了一个“活在当下”的鲜明形象：一个伏在摩托车把手上高速飞驰的人，这个人的心思完全集中于他飞驰的那一秒钟，“他抓住的是跟过去与未来都断开的瞬间，脱离了时间的连续性；他置身于时间之外；换句话说，他处于出神状态；人进入这种状态就忘了年纪，忘了老婆，忘了孩子，忘了忧愁，因此什么都不害怕；因为未来是害怕的根源，谁不顾未来，谁就天不怕地不怕”[2]。本真休闲必然是处在一种时间的连续

---

[1] 〔德〕恩斯特·卡西尔：《人论》，甘阳译，上海译文出版社，2004 年，第 75 页。

[2] 〔捷〕米兰·昆德拉：《慢》，马振骋译，上海译文出版社，2011 年，第 1–2 页。

性之中，对时间有清醒意识而不是脱离时间连续性的所谓“不念”和“不畏”，是一种以对未来的筹划为前提的当下自在，没有这个前提，那剩下的可能就会是自欺欺人的所谓的“当下休闲”。

或许，从某种意义上来说，凭借作为我们整个丰富的生命的一个极小部分的理智，我们是无法认识我们的生命的。我们将生命看作在时间上向未来开放，也就是承认它具有一切可能性，将自由创造性看作其标志，也就是承认它具有不可预见性。归根到底，这些其实都是在承认我们对于我们生命在根本上的无知。当然，相对于人类理性曾经的自大，这是一种充满敬畏的表述方式，即面对我们的生命，尽管无知，但保持敬畏，或许这才是我们对待生命的正确态度。而我们在这里提出本真的休闲与生命的本真存在的内在逻辑的契合，从根本上说是一种大胆的猜测与探索，某种意义上说，这种探索也正是生命开放性的体现，同时这也是生命自在价值的体现，或许这远高于这种探索的学术价值。

（二）休闲异化与人的异化的关系

在对本真的休闲以及异化的相关理论尤其是马克思的异化理论进行了较为深入研究的基础上，休闲异化的基本内涵已经相当清晰。简言之，休闲异化就是对本真的休闲及其内在逻辑的背离。

休闲本应是最契合于人的一种存在方式，是人的自在生命的自由体验[1]；相对于人在劳动中的异化，休闲本应是克服人的异化的理想途径，使人重新寻回在异化劳动中失去了的、本真的人的存在感。但是，在现代社会，休闲本身的异化也已经成为一种常见的现象，休闲不仅不能成为一种使人成为人的活动，与此相反，异化了的休闲反而成为人的异化在现代社会最主要的“实现途径”和突出的表现形态。休闲异化是人的异化在现代性条件下的突出表现，某种意义上可以说是人的异化的进一步深化。

---

[1] 潘立勇：《休闲与审美：自在生命的自由体验》，《浙江大学学报》（人文社会科学版）2005 年第 6 期，第 5–11 页。

前文已经指出，笔者是在马克思的异化劳动理论的启发下提出休闲异化的，所以，这里关于休闲异化与人的异化的关系首先要讨论休闲异化与劳动异化的关系。

有学者指出，劳动异化是休闲异化的直接原因。[1] 因为劳动是休闲存在的前提与基础，而休闲则是劳动的意义与价值的确证。具体从马克思分析的异化劳动的四种形式来看，劳动异化作为休闲异化的原因可以从四个方面来理解：①劳动者与劳动产品相异化使得工人没有“闲钱”；②劳动者与自己的劳动相异化使得工人没有“闲时”；③劳动者与人的类本质相异化使得工人没有“闲智”；④人与人相异化使得资本家的有“闲”与工人的无“闲”尖锐对立。

这种分析具有一定的深度，也很有启发，但过分局限于马克思对劳动异化的分析。我们认为，在劳动异化与休闲异化之间，正是因为工人的劳动被异化了，所以他在对待必需的劳动之外的时间与活动时的观念也被扭曲了，也就是说劳动本身的被扭曲在一定意义上导致劳动之外的时间与活动的扭曲。同时，在这种扭曲的劳动中，劳动本身不可能具有休闲的意义与价值，连带也导致劳动之外的时间与活动失去了休闲的意义，因为在异化的劳动时间之外，所谓的休闲几乎仅仅就是休息或者放松甚至是放纵，其目的不外是为了有更多的精力投入新一轮的劳动，或者暂时遗忘劳动中的不愉快，或者就是放纵一下在异化劳动中被压抑了的情绪。

另外，马克思发现私有制条件下，作为人的异化的表现的劳动的异化有一个特点，即本来应该是人的自由生命的表现、给人以乐趣和享受的劳动，是人的一种内在必然需要的劳动，却变成了一种痛苦，是一种只要肉体的强制消除，人们就会像逃避瘟疫一样逃避的东西，人们痛恨劳动。与此不同的是，人们在异化的休闲中，不是发现痛苦，而是似乎

[1] 张永红：《异化劳动视阈下的休闲异化——兼与异化劳动“三规定说”商榷》，《马克思主义研究》2011 年第 9 期，第 124–128 页。

爱上了这种异化的休闲，对其趋之若鹜。对于异化劳动的痛苦，说明人对自我还是有意识的，但是对休闲异化的趋之若鹜而非感到痛恨，或许是因为人已经遗忘了自己的本质，而不仅只是遗忘了休闲的本质。

三、休闲异化的表现

关于休闲异化的外在表现或者特征，学者们基于理性的思辨或者经验，大致做出了这样一些概括，例如：休闲娱乐化、休闲工作化、休闲消费化、休闲标准化、商业化、低俗化等。这些概括对我们认识休闲的异化是有帮助的，也确实是当前休闲所存在的典型问题。

但是，这些概括零散、不系统，甚至给人一种拼凑的感觉。更为重要的是，这里所列出来的有些所谓的休闲异化的表现，并不是休闲异化所特有的，或者说我们不能据此来判断某一休闲是不是异化的休闲。最主要的原因是这里列举的休闲异化的表现并没有触及本真的休闲的内在逻辑。我们认为，所谓休闲异化的表征是指，根据本真的休闲以及异化休闲的基本界定所指出的、可以用来判断一种休闲活动是不是异化了的休闲的特性。基于此，我们将休闲异化的表征概括如下。

其一，异化的休闲在时间上表现为缺乏未来的向度。本真的休闲可以发生在任何一个时刻，但是有一个前提，即必须有一个面向未来的筹划。但是，现实中很多人的休闲实际上沦为庸俗的及时行乐，或者沦为如诸多“幸福学”所教导的“活在当下”。所以，现实中，很多人的休闲是一种自欺欺人或者说自我麻痹式的休闲。人固然是活在当下的，但人之为人，他就不仅仅是活在当下，甚至不是主要活在当下。尤其是在休闲之中，如果没有一种面向未来的筹划，是不可能有本真的休闲的。无论他是在旅游、在品茶，还是在工作，都是无法获得真正的休闲体验的，这样的人只会生活在一种漂浮不定或者焦虑不安之中。面向未来的筹划往往并不是以显性的形式在休闲之中体现出来，人们并不是在任何一个休闲活动之中都要先进行人生筹划，而是指这种面向未来的筹划作为个体休闲的底色，使得个体可以在任何一个时刻都能泰然从容地去休闲。

其二，相对于休闲的自由创造性，休闲异化表现为休闲活动的模式化、休闲体验的标准化。现代休闲对活动的设计以及人们在活动中要达到的体验都进行了“精准”的设计，或者说休闲项目的提供者将诸多的休闲活动进行“单元化”，但是“每一种活动实际上隐藏着极其丰富的生活内容，而它（单元化）将所有这些内容都视为‘一个’标准单元，个人活动有如夹在一捆钞票里的一美元一样容易被人忽视；在这种意义上，标准单元也否定了个人在任何一种休闲体验中所具有的唯一性……当休闲活动成为可交换的单元或商品时，我们开始相信‘标准’的娱乐安排是由标准的活动组成的……标准化不是休闲体验的特征”[1]。这种标准化休闲活动是与休闲的自由创造精神相悖的。

其三，相对于休闲作为一种发现自我、实现自我的过程来说，异化的休闲表现为自我的迷失、自我的堕落。很多休闲项目，如吸毒等自我放纵的活动，不仅不能让人发现本真的自我，反而会使自我堕落。即使本来应该可以是一种促进人的自我发现与自我实现的活动，例如纸牌游戏、麻将游戏、看电视等，但是由于各种原因使得这些活动反而成了一种自我败坏的活动，如人们沉迷游戏、疯狂赌博，或者至少是将这些活动当作麻醉自我的活动，当作让自己暂时忘记自己的活动，这都是异化休闲的典型表现。

综上，休闲是一种特定的、发生在一定的时间之内的活动，而且休闲有着自身特殊的体验，但是休闲并不能简单地归结为活动、时间或体验，休闲是由这些因素有机结合在一起，并且与整个社会、文化等发生着系统性联系的整体，而且是一种动态的过程，从微观的、形而下的视角来看，它是由休闲期待、休闲准备、休闲进行以及休闲回想等环节所构成的；从宏观的、形而上的视角来看，它是人不断地自我发现与自我

[1] 〔美〕托马斯·古德尔、杰弗瑞·戈比：《人类思想史中的休闲》，成素梅、马惠娣、季斌等译，云南人民出版社，2000 年，第 230–231 页。

实现的过程。这不是对休闲的简单界定，而是一种理解休闲的方式。在这一方式下，我们可以不断地深化对本真的休闲以及本真的休闲与人的关系的认识。概括而言，本真的休闲由于其自由创造性以及面向未来的时间向度，使得其成为一种与人的本真存在最为契合的活动。与此相反，异化的休闲就是对本真休闲的内在逻辑的背离，从而也就成了与人的本真存在相敌对的一种活动。这种异化的休闲表现为休闲时间的碎片化、钟表化，休闲活动与体验的标准化，休闲价值的虚无化。

02

现代性与休闲异化研究

1899 年，凡勃伦（Veblen）《有闲阶级论：关于制度的经济研究》的出版，在一定意义上可以被认为是现代休闲批判之开端。其对休闲的批判部分是出于新教伦理对不必要的炫耀与有意浪费的反对，同时也反映了凡勃伦的一个信念，即“有闲阶级的行为会被社会的下层所模仿，从而使得挥霍浪费成为整个工业社会的一种惯例”[1]。他是作为一位经济学家来“讨论作为现代生活中的一个经济因素的有闲阶级的地位和价值”[2]。尤为重要的是，其研究是基于尚未达到鲍德里亚所谓的“消费社会”的、姑且称之为“生产社会”的历史与文化语境，新教工作伦理是社会进步的主要道德原动力，社会的现代化虽然已历经数个世纪，但作为现代化价值观念的抽象的现代性的复杂性还没有充分暴露出来，尤其是其自身所具有的自我否定性还没有充分暴露。所以，凡勃伦的研究是站在维护生产社会及其基本伦理原则的立场上，对他所理解的作为非生产性的、荣誉性活动的休闲展开批判。

不同于凡勃伦的研究，我们今天的研究是在这样的处境中：一是现代休闲研究经过一百多年的发展，已经取得了长足的进展；二是我们是在自觉的休闲学科意识之中来展开休闲研究的；三是工作伦理已然受到来自多方的挑战；四是现代性的复杂性已经充分暴露，尤其是其阴暗面从 20 世纪开始就已经变得非常明显了。[3] 所以，我们的休闲研究，尤其是休闲这一学科领域中的休闲研究，必须基于已经取得的关于休闲的大量研究成果，必须在对休闲的规范性界定的基础之上开展。同时，我们必须正视现代性，尤其是晚期现代性对现代社会及其价值观念的影响，以及这一影响在休闲中的体现。从休闲研究的成果以及我们对休闲的理解来看，休闲的异化已经是一种普遍的现象。本真的休闲应是人的自我实现或者“成为人”的一种生存状态，但在现实中我们所遭遇到的，更

[1] Chris Rojek. “Reviewing Veblen’s view of the rich”. Peace Review, 1999(2): 211–217.

[2] 〔美〕托斯丹・凡勃伦：《有闲阶级论：关于制度的经济研究》，蔡受百译，商务印书馆，1964 年，第 1 页。

[3] 〔英〕安东尼・吉登斯：《现代性的后果》，田禾译，译林出版社，2000 年，第 6 页。

多的是被纳入工具理性之中的“休闲”产业、被资本逻辑裹挟着的虚假的休闲繁荣，是人们休闲选择中的由各种媒介所批判的虚假自由“虚假的自由”以及对自由的逃避，进而是自我的迷失。凡此种种，尽管有各种各样的缘由，但现代性是这一切的总背景与深刻根源，离开现代性这一背景，我们对休闲异化的理解必然是片面的和肤浅的。鉴于此，我们提出将现代社会中的休闲异化置入现代性的视域中进行批判性研究。

第一节　休闲异化研究现状检视

现代休闲研究 100 多年来已经积累了相当丰硕的成果，休闲异化研究是其中一个重要的主题。休闲异化的研究是休闲研究不断深入的结果和体现。

一、国外休闲异化研究状况

国外对休闲异化的批判至少可以追溯到马克思对资本主义的批判。当然，马克思对休闲异化的论述是一种隐喻性的、需要靠“症候阅读法”来进行挖掘的。马克思对商品拜物教和物化问题的讨论也是十分具有启发意义的。战后很多休闲社会批判理论中，都包括对马克思这两个分析的拓展。马克思认为，资本主义社会的休闲活动使得来自所有阶级的个人意识都从属于具有腐蚀性的商品拜物教和物化，这就妨碍了个体表达他们的社会性。马克思将资本主义社会谴责为一种非人的社会组织形式，并进而认为资本主义在满足人类的自然需求方面的长期的和彻底的无能终将导致资本主义的灭亡。[1]

皮珀（Josef Pieper）在其 1952 年出版的休闲学经典的专著《闲暇：文化的基础》（*Leisure*，*The Basis of the Culture*）中，对休闲异化及其克服途径的问题进行了深入系统的研究。皮珀通过对休闲观念的古今之

[1] Chris Rojek. “Did Marx have a theory of leisure?” Leisure Studies, 1984(3): 163–174.

辨以及工作至上的观念对整个现代社会的深入渗透，揭示出现代休闲已经背离了休闲的本义，休闲作为实现人性超越性的价值遭到贬抑。作为天主教哲学家，皮珀希望通过宗教崇拜重新为休闲找到其存在之根基，进而在此基础上实现人的超越性存在。[1]

与皮珀一样服膺于亚里士多德古典休闲观的美国政治哲学家格拉齐亚在其皇皇巨著《论时间、工作与休闲》中，将休闲的本源意义追溯至苏格拉底、柏拉图，尤其是亚里士多德，并指出，这种理想的休闲观念经过古罗马、中世纪以及文艺复兴运动不断褪色，进而在19世纪的物质主义及工作伦理之中消失殆尽。现代的美国人，并非像想象的那样在技术进步之中获得了更多的自由时间，更不用奢谈有更多的休闲了。在现代消费主义文化中，人们想要的东西更多了，而这些东西都要花更多的钱去购买，使得人们只能更卖力地去工作，而更多的工作要求更多的时间投入。同时现代社会所提供给人们的所谓的休闲恰恰阻碍了人们从事有意义的活动。[2]

塞利格曼指出，休闲的意义只有在与工作的紧密关联中才能被发现，因而随着工作不再是判断人的价值的标准，也不再是作为文化传承的工具，尤其是人在工作中由中心地位变成边缘化之后，休闲的意义也随之异化，休闲成了仅仅是对这种作为负担甚至是苦差的工作的逃避，休闲本身所具有的个人再生和将个体凝聚到一个共同体中的意义丧失了，休闲甚至也被完全工业化了。[3]

马丁指出，工业化以来，外界的巨大变化尤其是技术的快速发展以及人预期寿命的延长使得现代人拥有了更加丰富的自由时间，但是现代人在心理上和情感上还未能成功地、有创造性地适应这种剧变。简言之，

[1] 〔德〕约瑟夫·皮珀：《闲暇：文化的基础》，刘森尧译，新星出版社，2005年。对皮珀的休闲异化思想的更详尽阐述参见郑明：《祛魅与复魅——皮珀休闲异化思想论析》，《吉林师范大学学报》（人文社会科学版）2013年第4期，第83–86页。

[2] Sebastian de Grazia. Of Time, Work and Leisure. The Twentieth Century Fund, 1962:3–9.

[3] Ben B. Seligman. "On work, alienation, and leisure", American Journal of Economics and Sociology, 1965(4): 337–360.

休闲的外在条件与休闲的内在条件之间的不协调导致了人的不适，从而导致人的自我异化。作者将自我异化看作一种无意识的游离的过程，包括对表达真实自我的内在的相互冲突的感情、愿望、冲动等的否定、逃避以及阻碍等。作者提出了一些使个体适应新的自由的一系列对策，主要是个体心理情感以及认知方面的对策。例如，我们必须将休闲的本质功能界定为个性的发展并且鲜明地强调休闲在所有的创造性过程中的不可或缺性；我们必须鼓励更加诗化的生活，以此作为补偿强制性的物质主义和避免不能真正享受自己休闲时间的平淡乏味的一种途径。[1]

二、国内休闲异化研究状况

国内的休闲研究由于诸多原因起步较晚，对于休闲异化自觉并展开批判性研究更是近几年才有一些较为深入的研究。这些研究的主题可以概括为导致休闲异化的原因、休闲异化的表现以及克服休闲异化途径等几个方面。

对于导致休闲异化的原因，唐任伍与周觉指出，休闲的本义是人们在“自由时间”中，通过“休闲活动”而达到的一种闲适的精神状态或更好的自我发展。但随着生产发展而来的“欲望创造”和消费的加速发展使得“自由时间”成为一种稀缺的资源，正是“自由时间”表面上的富足和实际上的稀缺导致了休闲异化。[2] 蒋政音与向以馥从制度经济学的视角，认为在我国当下出现休闲异化的深刻根源在于渐进式制度变迁所导致的休闲的非均衡发展、社会转型期制度真空导致主体失范以及制度供给不足和效率低下等。[3] 张永红基于对马克思主义的劳动异化论的

---

[1] Alexander R. Martin. “Self-alienation and the loss of leisure”, The American Journal of Psychoanalysis, 1961(21): 156–165.

[2] 唐任伍、周觉：《论时间的稀缺性与休闲的异化》，《中州学刊》2004 年第 4 期，第 26–30 页。

[3] 蒋政音、向以馥：《休闲及其异化探析——基于制度经济学的视角》，《理论探索》2010 年第 2 期，第 68–71 页、第 81 页。

阐释，提出“异化劳动直接导致休闲异化”。[1] 王立新从技术哲学的角度指出，休闲异化的根源主要在于盲目的技术乐观主义、技术价值悖论以及技术理性的失衡。[2]

对于休闲异化的表现有多种表述，但大致可以归为休闲的工作化、物质化，休闲的本能化、消费化、放纵化、奢侈化，休闲的商业化、低俗化，以及休闲的娱乐化、标准化等几个方面。

对于如何克服休闲异化，学者们从不同的角度提出了不同的路径。

其一，从制度建设的角度，蒋政音与向以馥指出，应从制度供给入手推动休闲的健康发展，包括从制度上保障公民劳动权和休闲权、加强国民休闲教育与引导、强化政府宏观调控和公共服务职能、改革现有休假制度、提高制度违约成本等。[3]

其二，从伦理道德的角度，陈霞指出，对于休闲的异化有必要通过休闲伦理的价值理想、道德原则、行为规范以及评价原则等进行匡正，以使人们享受真正的休闲生活并因而获得幸福。[4]

其三，从技术建构的角度，有研究者认为，社会、政府、企业和个人各自肩负着匡正技术的不同责任，应协同合作以克服技术的异化效应，从而克服由此所导致的休闲异化。[5]

三、休闲异化研究得失

通过对国内现有的关于休闲异化研究的梳理，我们发现，随着现代社会的发展以及发展过程中诸多引人深思的问题的涌现，无论在国内还是在国外，休闲作为一个可辨识的领域进入更多学术研究者的视野，人

---

[1] 张永红：《异化劳动视阈下的休闲异化——兼与异化劳动“三规定说”商榷》，《马克思主义研究》2011 年第 9 期，第 124–128 页。

[2] 王立新：《休闲异化的技术审视》，东北大学博士学位论文，2008 年。

[3] 蒋政音、向以馥：《休闲及其异化探析——基于制度经济学的视角》，《理论探索》2010 年第 2 期，第 68–71 页、第 81 页。

[4] 陈霞：《现代休闲：异化及伦理救赎》，《学术界》2012 年第 7 期，第 96–106 页。

[5] 王立新：《休闲异化的技术审视》，东北大学博士学位论文，2008 年。

们对休闲的认识在不断地深化，同时休闲在现代社会中的异化现象也逐渐受到更多人的重视，严肃的休闲研究呈现出日益繁荣与深化的景象，主要表现为与休闲相关的具有较高水平的学术论文、专业的学术期刊或相关专栏以及相关的学术研讨会日渐增多。

通过前人的研究，我们对休闲异化的概念有了一个初步的了解，对于休闲异化的表现，如本能化、消费化、放纵化和奢侈化、娱乐化、标准化和消费化、商业化、低俗化等有了初步的认识；同时，对于如何克服休闲异化，研究者们也为我们提供了一些不同的思路，如伦理救赎、技术建构、休闲与工作和消费的整合等。但是，从我们所接触到的休闲以及休闲异化的现有研究成果来看，仍然存在着一些明显的不足。

首先，对休闲本身的认识不够深入系统。不论是在对休闲研究中，还是在对休闲异化的研究中，对休闲之界定虽然都是作为一个课题被提出，但是，对休闲本身何所是的研究往往都是支离破碎的，缺乏必要的焦点。这或许是因为休闲作为一个学科还不够成熟，目前虽然很多研究者从词源学、心理学、社会学、经济学等学科视野做了一些研究和深度探讨，有大量的论文发表，也有一些学术研讨会，但是相对一些成熟的学科而言，在休闲研究中缺少相互交流，更难形成观点之间的碰撞，同时休闲研究的方法论匮乏。目前休闲研究中主要的方法论就是历史唯物主义的方法以及在实证研究中运用的统计与定量分析方法等，但是总体来说，方法论意识比较淡薄，尤其是在人文学科中得到广泛运用并取得丰硕成果的诸多方法如系统论、过程论以及现象学等方法几乎完全没有进入休闲研究者的视野之中，这不能不说是休闲研究的一大缺憾。所以，从整个休闲研究的成果来看，很多结论可以说都是很正确的，但是正确的不代表就揭示了休闲的真实所是。这一点海德格尔的说法应是值得思考的，即“单纯正确的东西还不是真实的东西。唯有真实的东西才能把我们带入一种自由的关系中，即与那个从其本质来看关涉于我们的东西的关系”[1]。

而休闲本身何所是或者说本真的休闲是揭示休闲异化的前提，如果缺乏对休闲的深刻认识、对本真的休闲的认识，对休闲异化的认识就必然只能停留在对光怪陆离的异化了的休闲现象的直观甚至是直觉意义上的指认，这种意义上的指认必然是知其然不知其所以然的，对于我们正确认识休闲异化无所助益，更妄论由此推进到对休闲异化的根源及如何克服休闲异化的思考。

其次，对休闲与人的关系没有做出有深度的分析。这首先是因为缺乏一种明确的人性观基础。对人或人之人的认识应是任何科学至少是人文科学研究的深层基础。正如休谟曾指出的：“一切科学与人性总是或多或少地有些关系，任何学科不论似乎与人性离得有多远，它们总是会通过这样或那样的途径回到人性。即使数学、自然哲学和自然宗教，也都是在某种程度上依靠于人的科学。”[2] 当然并不是人文研究的每个个案都必须首先发展出一种独特的人性观，但至少要使自己的研究建立在已有的某种明确的人性观之上，这样的研究才是有基的，否则是经不起“人何以要如此？”的拷问的。在休闲研究中，就笔者所掌握的资料来看，仅有凡勃伦的《有闲阶级论：关于制度的经济研究》，皮珀的《闲暇：文化的基础》以及凯利的《走向自由：休闲社会学新论》等少数著作中有着明确的人性观，大多数关于休闲以及休闲异化的研究都缺乏这种深层次的基础。因此，现有关于休闲及休闲异化的研究都没有很好地解决休闲与人的关系问题，没有追问、更没有试图解决休闲何以是与人相契合的一种生存方式的问题，而是将这一有待论证的问题作为前提使用，根本无法解决何以异化的休闲对人是一种贬抑或戕害的问题。

最后，休闲异化研究没有自觉地将现代性作为一种明确的视角或境域。现有的休闲异化研究，其研究对象都是在广义的现代社会中的休闲

[1] 〔德〕马丁·海德格尔：《演讲与论文集》，孙周兴译，生活·读书·新知三联书店，2005 年，第 5 页。
[2] 〔英〕大卫·休谟：《人性论》，关文运译，商务印书馆，1980 年，第 6 页。

异化，但遗憾的是罕有学者将现代性作为明确的研究视角和境域。这样的结果是，虽然有对休闲在现代社会中异化的原因的一些辨析，但是这些原因都很零散，相互之间没有内在联系，也形成不了系统。诸如技术的原因、媒介的原因、消费的原因等，这些零散的所谓休闲异化的原因或许都是有道理的，但是这样缺乏体系的列举几乎可以无限地进行下去。而为什么会是这些原因、我们是如何看到这些休闲异化的原因的等问题都没有被问及，由此进一步导致研究者所提出的克服休闲异化的途径具有很大的随意性。因为休闲异化的根源没有找到，所以克服的途径必然是随意和肤浅的。正如海德格尔所言："也许任何不是从危险所在之处而来的其他拯救都还无救。"[1]深入挖掘休闲异化的根源是探求克服休闲异化途径的必然要求。而只有将休闲异化置入现代性的境域之中（这只是从方法论角度的一种便宜的说法，实际上根本不是我们将某种现成的东西置入另一个现成的环境之中，二者之间具有一种海德格尔意义上的"在—之中"的关系），我们才能看清休闲异化之何所以然。即使有一些研究已经触及现代性与休闲异化之间的关联，但都没有深入现代性的张力结构，导致对于克服休闲异化要么表现出一种隐隐的悲观情绪，要么就只能提出一些诸如伦理救赎、技术建构等完全是外在化的途径，其实并没有进入问题之所以产生的核心，也就不可能在其中洞察出克服休闲异化的希望所在。

第二节　现代性的张力结构与休闲异化

现代性是一个十分复杂的总体概念，学者们从不同的角度做出了各自的界定。吉登斯从社会学的角度认为："现代性指社会生活或组织模式。"[2]德兰蒂指出，"现代性的动机既包含了一个文化概念——即启

[1]〔德〕马丁·海德格尔：《林中路》，孙周兴译，上海译文出版社，2004年，第310页。

[2]〔英〕安东尼·吉登斯：《现代性的后果》，田禾译，译林出版社，2000年，第1页。

蒙的规划，又包含了一个特定的文明复杂结构，是欧洲（西方）社会现代化的过程。更具体地看，我们可以说现代性导致了一个文化规划和社会规划”[1]。霍尔从四个基本层面来确立现代性的边界：政治层面是世俗政体与现代民族国家的确立；经济层面是市场经济和私有制基础上资本积累；社会层面是劳动和性别分工体系的形成；文化层面是宗教衰落，世俗物质文化兴起。[2]福柯将现代性看作是“一种关系方式：一些人所做的自愿选择，一种思考和感觉方式，一种行动、行为的方式。它既标志着属性也表现为一种使命。当然，它也有一点像希腊人叫作 ethos（气质）的东西”[3]。基于我们考察休闲异化的目的，我们不再详细讨论现代性的不同界定，而是在一般意义上接受将现代性看作包含两层意思的看法，一是作为一种历史分期的概念，即作为与传统相对的一个历史发展阶段（当然其自身又可以分为不同的阶段，如前期现代性、后期现代性等），在某种意义上意味着一系列的社会现代化；二是作为特定的思维方式与价值观念的集合，更加强调其文化与精神的层面。[4]

可以说，现代学术研究从一开始就与现代性以及现代化问题具有实质性的联系。[5]尤其是 20 世纪 60 年代以来，“现代性问题几乎成为西方哲学、史学、美学、社会学理论和文化研究的核心概念和热点问题，它吸引了众多思想家的注意力”；20 世纪 90 年代以来，“随着中国现代化进程的加快，随着中国从传统社会向现代社会转型的诸多问题的凸显，现代性亦成为中国学术界的重要话题”。[6]

现代性问题之所以具有如此重要的基础性地位，一方面，因为我们就处在现代性之中，更准确地说是我们已经处在现代性之中很久了。尽

---

[1] 周宪：《审美现代性批判》，商务印书馆，2005 年，第 4 页。

[2] 周宪：《审美现代性批判》，商务印书馆，2005 年，第 2 页。

[3] 〔法〕米歇尔·福柯：《福柯集》，杜小真、王简等译，上海远东出版社，1998 年，第 534 页。

[4] 从这种一般意义上来看，我们也没有必要区分所谓的西方的现代性与中国的现代性，尽管二者是有区别的，至少在发生的时间与经历的阶段以及发展的深度来看是有区别的，但无论哪种现代性都是作为一种与传统相对的一个历史阶段，也都是一种特定的思维方式与价值观念的集合。

[5] 张凤阳：《现代性的谱系》，江苏人民出版社，2012 年，第 1 页。

[6] 周宪：《审美现代性批判》，商务印书馆，2005 年，第 4 页。

管“现代性源于何时”这仍然是个有争议的问题，在具体的日期上根本没有形成一致的看法，但是一般从社会生活或组织模式的角度来看，现代性可以追溯到17世纪[1]，从更宽泛的意义上可以追溯到中世纪结束、文艺复兴和宗教改革的时期，甚至可以上溯到12世纪[2]。而且正如吉登斯所指出的，现代性“在外延方面，它们确立了跨越全球的社会联系方式；在内涵方面，它们正在改变我们日常生活中最熟悉的和最带个人色彩的领域”[3]。所以，对于长期处于现代性之中而且各方面都深受现代性形塑的我们而言，思考我们所处时代的问题时，现代性是一种基本的境域，我们对现代问题的思考必定要依托于现代性这一背景，否则就缺乏自己的坐标系，不知道自己身在何处。另一方面，现代性问题的重要性在于“现代性问题把我们带入一个视野广阔的哲思”[4]，“它构成了一个有关社会、文化和政治理论探索的框架”[5]。

尽管20世纪80年代以来，尤其在西方，让人眼花缭乱的各种后现代主义思潮不断涌现，但是由于“后现代”的种种设问和辩答无法摆脱现代性的纠缠，因此，它所引发的争论并没有使现代性问题淡化[6]；相反，“后现代主义也好，后现代性也好，这些问题的思考都必须结合着现代性本身来加以理解……后现代的讨论总是这样或那样地和如何认识现代性问题本身联系在一起”[7]。所以，即使在今天，在后现代主义已经普及得不再时髦的时代，现代性仍然是我们运思的基本境域。同时，相对于各种“后”主义的解构有余而建构不足来说，现代性不仅可以提供一种探索的“框架”，而且其丰富而深刻的建设性的思想资源，能为我们深刻认识现代社会中的有关文化、艺术、社会等问题提供诸多启发。

[1] 〔英〕安东尼·吉登斯：《现代性的后果》，田禾译，译林出版社，2000年，第1页。
[2] 周宪：《审美现代性批判》，商务印书馆，2005年，第7页。
[3] 〔英〕安东尼·吉登斯：《现代性的后果》，田禾译，译林出版社，2000年，第4页。
[4] 周宪：《审美现代性批判》，商务印书馆，2005年，第4页。
[5] 周宪：《审美现代性批判》，商务印书馆，2005年，第4页。
[6] 张凤阳：《现代性的谱系》，江苏人民出版社，2012年，第1页。
[7] 周宪：《审美现代性批判》，商务印书馆，2005年，第6页。

毋庸讳言，笔者是带着中国的问题意识进入西方关于现代性以及现代休闲的讨论的，而且所讨论的休闲及其观念的演变都主要限于西方世界，运思的主要境域即现代性思想及其内在张力，也基本来自西方的思想界。这确有笔者自身学力限制的原因，但更主要的原因在于：首先，现代性及其问题最初发轫于西方，而且在西方也发展得最为典型。所以西方思想家对现代性问题的思考，已经历了长久的酝酿和多方的辩难，所形成的一系列关于现代性的思想已经非常成熟而且有着清晰的发展脉络，有关现代性的原创性著作以及研究性文献都非常丰富。当然对于浩如烟海的西方思想资源，笔者是带着自己的问题意识进行择取的。其次，西方思想家所思之现代与现代性不仅仅只有西方的意义，在一定程度上具有普遍有效性，因为“现代性问题虽然发轫于西方，但随着全球化进程的步履加快，它已跨越民族国家的界限成为一种世界现象”[1]，而且“并没有与欧美的现代性截然不同的中国的现代性，尽管中国的现代性具有历史的具体性”[2]。由于全球化的触角几乎涉及社会生活的方方面面，中国的现代性问题，以及在中国现代化过程中所出现的诸多问题，包括休闲及其异化的问题，在某种意义上说是属于世界性的问题，产生于西方的现代性思想对于分析这些问题来说，并不存在原则性的隔阂。最后，即使是思考中国的问题，在保持清醒的中国问题意识的同时，也必须“确立一个广阔的跨文化视界”。正所谓“他山之石，可以攻玉”。

现代性不仅一般地被作为分析休闲异化问题的背景与视域，而且现代性自身的张力结构是分析休闲异化产生的根源以及探寻克服休闲异化途径的内在逻辑主线。

近年来，现代性内部矛盾与紧张关系已成为西方哲学、社会理论和文化研究热门话题之一，尤其是在后现代问题凸显出来之后，现代性内

[1] 〔美〕劳伦斯·卡洪：《现代性的困境：哲学、文化和反文化》，王志宏译，商务印书馆，2008 年，第 2 页。

[2] 刘小枫：《现代性社会理论绪论：现代性与现代中国》，上海三联书店，1998 年，第 3 页。

部复杂的张力愈发彰显出来[1]。对这种张力，很多现代性的研究者都从自己的研究角度做出了阐述。鲍曼指出："现代性的历史是社会存在与其文化间充满张力的历史。现代存在迫使其文化成为自己的对立面。这种不和谐正是现代性需要的和谐。"[2]卡林内斯库在《现代性的五副面孔：现代主义、先锋派、颓废、媚俗艺术、后现代主义》中指出，在西方文明中，从 19 世纪前半期的某个时期开始就一直存在着两种相互对立、难以弥合的现代性，一种是"作为文明史阶段的现代性"即所谓"资产阶级的现代性"，另一种即所谓"文化的现代性"或"审美现代性"。前者是科学技术进步、工业革命和资本主义带来的全面经济社会变化的产物，其主要的价值观念是相信进步，相信科学造福人类的可能性，关切于可计算、可商品化的时间，崇尚理性、实用主义。而后者则表现出对资产阶级价值标准的厌恶，并通过极其多样的手段来表达这种厌恶，对资产阶级现代性体现出一种强烈的否定激情。[3]在德国哲学家维尔默的眼中，现代性是一幅由"启蒙现代性"和"浪漫现代性"相对立构成的图景，其中"启蒙的规划，这一规划用康德的话来说就是'人从咎由自取的蒙蔽状态中走出来'，直到韦伯，这个规划没有发生什么太大的变化，它一直被当成一个社会生活不断合理化、科层化以及'科学化'的过程"，同时"针对启蒙作为一种理性化的进程，现代世界从很早，而且自始至终动员了强大的反对力量。在这里，德国的浪漫派人物或许可以被视为其中的代表，他们包括早期的黑格尔、尼采，早期的马克思、阿多诺以及众多的无政府主义者，此外现代艺术中的很大一部分也可以纳入这一股反对力量之中"。[4]吉登斯从社会学的角度指出："现代性

[1] 周宪：《审美现代性批判》，商务印书馆，2005 年，第 137–138 页；张凤阳：《现代性的谱系》，江苏人民出版社，2012 年，第 9 页。

[2] 〔英〕齐格蒙特·鲍曼：《现代性与矛盾性》，邵迎生译，商务印书馆，2003 年，第 15 页。

[3] 〔美〕马泰·卡林内斯库：《现代性的五副面孔：现代主义、先锋派、颓废、媚俗艺术、后现代主义》，顾爱彬、李瑞华译，商务印书馆，2002 年，第 47–48 页。

[4] 〔德〕阿尔布莱希特·维尔默：《论现代和后现代的辩证法：遵循阿多诺的理性批判》，钦文译，商务印书馆，2003 年，第 110–111 页。

是一种双重现象。同任何一种前现代体系相比较，现代社会制度的发展以及它们在全球范围内的扩张为人类创造了数不胜数的、享受安全的和有成就的生活的机会。但是现代性也有其阴暗面，这在21世纪变得尤其明显。”[1]贝尔将现代社会的分裂与矛盾看成是由服从于不同轴心原则的三个领域，即技术经济结构、政治和文化三个领域之间的相互纠缠所导致的。[2]

上述有关现代性内在张力的观点，大体上已经能让我们对现代性的张力结构有一个基本的认识。鉴于本书并非以现代性及其张力为研究对象，所以对于其中错综复杂的关系以及不同研究者之间的争辩不做讨论。从本书论述的内在逻辑主线考虑，我们将现代性的内在张力结构简约地理解为“启蒙现代性”与“文化现代性”或“审美现代性”，或者说是社会现代化与文化系统之间构成的张力系统。

[1] 〔英〕安东尼·吉登斯：《现代性的后果》，田禾译，译林出版社，2000年，第6页。

[2] 〔美〕丹尼尔·贝尔：《资本主义文化矛盾》，严蓓雯译，江苏人民出版社，2007年，第8–13页。

03

休闲异化的现代性根源

休闲异化已数见不鲜，对于休闲异化的原因及如何克服这种异化，已经有很多学者做出了有益的探讨。但是由于对休闲异化原因的认识仍然不够深入和系统，所以这些研究一方面不能把握异化的根源，另一方面也很难找到克服休闲异化的有效途径。

我们认为，尽管亚里士多德和其他的一些古典时期的作家都对休闲做过阐述，但是，从根本上来说，休闲是一种现代现象[1]，休闲的基本面貌都是由现代性形塑的[2]。

所以，我们应将休闲异化如其本然地嵌入现代性的背景中来理解，才能获得对这种异化的根源的本真性认识，并进而对克服这种异化进行有针对性的探索。

由于现代性内在的差异性、矛盾性和复杂性，所以它被称为是维特根斯坦意义上的“家族相似”的概念，或者是本雅明意义上的“星丛”式的概念。诸多研究现代性的思想家都从不同的角度对现代性的差异性与矛盾性进行过论述。

鲍曼用“矛盾性”来概括整个现代性的历史时期，这种矛盾性主要发生在伴随启蒙运动发展的文化规划与伴随工业社会的发展而完成的生活形式，或者可以说是文化规划与社会规划之间。现代性的社会规划是对秩序的追求，这种追求是确定对歧义的抗争、清晰对晦涩的抗争、明了对模糊的抗争。但是，混乱与这种对秩序的追求却是同时存在的。一方面，“秩序和混乱是现代之孪生儿”[3]，它们共同孕育于人们对秩序与混乱的二元思虑之前。另一方面，混乱，即“不可界定性、不连贯性、不一致性、不可协调性、不合逻辑性、非理性、歧义性、含混性、不可决断性、矛盾性”，作为“秩序的他者”是秩序自身构成的产物，“是它的副作用、它的废弃物，而且还是它的（反身的）可能性的绝对必要

[1] Gene Bammel. Leisure and Human Behavior. 2nd ed. William. C. Brown Pub, 1992: 6.

[2] Ken Roberts. Leisure in Contemporary Society. 2nd ed. CABI, 2006: 32.

[3] 〔英〕齐格蒙特·鲍曼：《现代性与矛盾性》，邵迎生译，商务印书馆，2003 年，第 7 页。

条件。没有混乱的否定性，便没有秩序的可能性；没有混乱便没有秩序”。“现代国家的他者是无人之地或纷争之地”“现代智力的他者是多义性、认知失调、多价定义、偶然性，即在一个有着有条不紊的分类和文件柜的世界中，意义的重叠。”“在这两种情况下，对定义的抗拒为主权、为权力、为世界之明晰性、为它的控制、为秩序，确定了范围……现代状态和现代智力都离不了混乱——即使仅仅为了继续创造秩序。”所以，在鲍曼看来，现代社会存在与现代社会文化之间有着一种爱—恨关系，是一种充满内涵的共生关系，现代社会文化既服务于现代社会存在又冲击损毁着现代社会存在，这二者任何一个都不可或缺。现代性的历史就是其社会存在与社会文化之间充满张力的历史。[1]

卡林内斯库认为存在两种截然不同的现代性[2]：一种是作为西方文明史的一个阶段的资产阶级现代性，其特征是崇拜理性、实用主义、进步主义、相信科技造福人类的可能性等；一种是作为美学概念的文化现代性，其特征是激进的反资产阶级态度、公开拒斥资产阶级现代性、强烈的否定激情等。

维尔默认为现代性的图画包括两个方面：一个方面是启蒙的规划，这一规划用康德的话说就是“人类脱离自己所加之于自己的不成熟状态”，这一规划一直被当成一个社会生活不断合理化、科层化以及“科学化”的过程，它的象征是数学的演绎、几何的基本形式、闭合的系统、演绎—常态逻辑的理论、机器和试验（技术介入）。另一个方面是反对“理性主义”的“浪漫主义”，“现代世界从很早，而且自始至终动员了强大的反对力量。在这里，德国的浪漫派人物或许可以被视为其中的代表，他们包括早期的黑格尔、尼采，早期的马克思、阿多诺以及众多的无政府主义者，此外现代艺术中的很大一部分也可以纳入这一股反对

[1] 〔英〕齐格蒙特·鲍曼：《现代性与矛盾性》，邵迎生译，商务印书馆，2003年，第11页、第14页、第15页。

[2] 〔美〕马泰·卡林内斯库：《现代性的五副面孔：现代主义、先锋派、颓废、媚俗艺术、后现代主义》，顾爱彬、李瑞华译，商务印书馆，2002年，第47–48页。

力量之中”。[1]

拉什指出，现代性有两种范式而不是一种：一种是从科学假设出发，包括伽利略、霍布斯、笛卡尔、洛克、启蒙运动、科学实证主义、分析哲学和哈贝马斯等；另一种现代性则是美学的，它是作为对前一种现代性的批评和反思而出现的，这种现代性的世系包括浪漫主义运动、青年黑格尔、波德莱尔、尼采、超现实主义、阿多诺、福柯、德里达等。[2]

通过诸多学者关于现代性的矛盾性的分析，我们可以对现代性有一个更加立体的认识。它既包含了促进社会现代化的工具理性、资本逻辑，以及对秩序和统一的追求，对理性的强调，同时也包含价值理性，包括对非统一性、对感性的追求。这些追求可以说是同步产生的，现代性一开始就存在着这些相互对立的旨趣与追求，在现代性的发展过程中，这二者也不是并行的，而是充满张力地交织在一起的。再进一步，正如周宪教授所指出的：“如果我们选择一个总体性的二元范畴来加以描述的话，现代性的这种张力关系可以界定为启蒙现代性和审美现代性的复杂关系。”[3] 从总体上看，伴随着启蒙现代性一起产生，并作为启蒙现代性的“他者”的审美现代性，虽然在一定意义上正如鲍曼所言也服务于启蒙现代性，但是，其更主要是扮演反思启蒙现代性、批判启蒙现代性的角色。

从总体上来看，笔者认为，导致休闲异化的现代性主要是以工具理性与资本逻辑为标志的启蒙理性和社会的现代化，而作为启蒙理性的“他者”即审美现代性中又蕴含着克服休闲异化的资源。因而本章将主要从启蒙现代性角度探讨休闲异化的根源，下一章将重点探寻审美现代性对于克服休闲异化的启发所在。

---

[1] 〔德〕阿尔布莱希特·维尔默：《论现代和后现代的辩证法：遵循阿多诺的理性批判》，钦文译，商务印书馆，2003 年，第 110–111 页。

[2] 〔德〕乌尔里希·贝克、〔英〕安东尼·吉登斯、〔英〕斯科特·拉什：《自反性现代化》，商务印书馆，2001 年，第 268 页。

[3] 周宪：《审美现代性批判》，商务印书馆，2005 年，第 207 页。

第一节 工具理性对人的贬抑

一、工具理性的勃兴

黑格尔说："一提到希腊这个名字，在有教养的欧洲人心中，尤其在我们德国人心中，自然会引起一种家园之感。欧洲人从希腊之外，从东方，特别是从叙利亚获得他们的宗教、来世、与超世间的生活。然而今生、现世、科学与艺术，凡是满足我们精神生活，使精神生活有价值、有光辉的东西，我们知道都是从希腊直接或间接传来的——间接地绕道通过罗马。"[1] 由此可见，黑格尔对希腊文明以及其对西方文化的意义的评价之高。作为西方理性主义之集大成者的黑格尔做出这样的评价，当然是和希腊精神的最主要特点，即理性精神分不开的。古典学者基托指出，"对理性的坚定信仰"与"万物一体"的观念一起，是希腊精神的典型特征。这种对理性的信仰在希腊哲学产生之前就已经存在。"在荷马看来，众神背后有一种幻影般的力量（尽管有时它被看作与众神同一），他称之为 ananke，必然（necessity），一种甚至众神也不能违背的万物的秩序（order）。希腊悲剧的基础是这样一种信仰：主宰人事的是法则而不是机会。"[2]"希腊精神的一个永恒特点就是万有，不管是物质的还是道德的万有，必定不仅是合理的，因而也是可知的，而且也是单一的：物质所显现出来的多样性只不过是表面现象。我们现在应该看出，希腊的剧作家明白无误地具有同样的思维方式：'别纠缠于生活表面的多样和繁复，认真研究简易的真理。'"[3]

某种意义上，正是对这种理性精神的继承，作为"欧洲文明之子"的韦伯，在其《宗教社会学论文集》的前言中提出："既在——且仅在——西方世界，曾出现朝着（至少我们认为）具有普遍性意义及价值的方向

[1] 〔德〕黑格尔：《哲学史讲演录》（第一卷），贺麟、王太庆译，商务印书馆，1959 年，第 157 页。
[2] 〔英〕基托：《希腊人》，徐卫翔、黄韬译，上海人民出版社，1998 年，第 228 页。
[3] 〔英〕基托：《希腊人》，徐卫翔、黄韬译，上海人民出版社，1998 年，第 232 页。

发展的某些文化现象，这到底该归诸怎样的因果关系呢？”[1]

这些具有普遍性的文化发展包括理性的科学，理性化的艺术、建筑、官僚制度以及理性化的资本主义。这些例子的核心是“西方文化所固有的、特殊形态的‘理性主义’”。当然，正如韦伯自己所言，“‘理性主义’这一名词可以有许多极为不同的解读”。在其另一部名著《经济与社会》中，在分析“社会行为”这一概念时，他提出了著名的目的—工具理性与价值理性的区分。韦伯指出，如同任何行为一样，社会行为也可以由下列情况来决定：①目的合乎理性的，即通过对外界事物的情况和其他人的举止的期待，并利用这种期待作为“条件”或者作为“手段”，以期实现自己合乎理性所争取和考虑的作为成果的目的；②价值合乎理性的，即通过有意识地对一个特定的举止的——伦理的、美学的、宗教的或做任何其他阐释的——无条件的固有价值的纯粹信仰，不管是否取得成就；③情绪的，尤其是感情的，即有现时的情绪或感情状况；④传统的，约定俗成的习惯。[2]

其中，价值合理性的行为具体来说具有这样的特点，即“行为的意向不在于行为之外是否能有所成就，而在于某种特定方式的行为本身”；“行为者无视可以预见的后果，他的行为服务于他对义务、尊严、美、宗教训示、孝顺，或者某一件‘事’的重要性信念，不管什么形式的，他坚信必须这样做，这就是纯粹的价值合乎理性的行为”。[3]

而与此相对，工具合理性的行为具体来说就是：“根据目的、手段和附带后果来做他的行为的取向，而且同时把手段与目的、目的与附带后果、各种可能的目的相比较，做出合乎理性的权衡。”[4]

二者之间的关系，正如韦伯所指出的：“从目的合乎理性的立场出

[1] 〔德〕马克斯·韦伯：《新教伦理与资本主义精神》，康乐、简惠美译，广西师范大学出版社，2007年，第1页。

[2] 〔德〕马克斯·韦伯：《经济与社会》，林荣远译，商务印书馆，1997年，第56页。

[3] 〔德〕马克斯·韦伯：《经济与社会》，林荣远译，商务印书馆，1997年，第56–57页。

[4] 〔德〕马克斯·韦伯：《经济与社会》，林荣远译，商务印书馆，1997年，第57页。

发，价值合乎理性总是非理性的，而且它越是把行为从之为取向的价值上升为绝对的价值，它就越是非理性的，因为对它来说，越是无条件地仅仅考虑行为的固有价值，它就越不顾行为的后果。”[1] 不过从行为的角度来看，工具合理性行为（目的合理性行为）与价值合理性行为又是很难截然分开的，“行为，尤其是社会行为，仅仅以一种方式或者另一种方式为取向，是极为罕见的”[2]。这里提出的两个概念只是一种构想出来的“理想类型”。

但是，在19世纪末20世纪初构想出这两种“理想类型”是有其历史原因的。虽然理性精神是希腊精神的最主要特征之一，但是希腊的理性精神与我们今天——现代以来——所说的理性精神是极为不同的。在希腊人那里，正如没有我们今天如此之多的社会分化一样，理性精神还没有出现明显的目的理性与价值理性的分野，同时，他们的理性精神还受充沛的激情与丰富的想象调节，正如有学者所指出的，“与希腊那种激情和理智的结合对照，我们不能不感到我们自己的时代更近乎狂热和平庸的交替”[3]。著名希腊哲学史家策勒尔也指出：“在希腊民族的天赋里，理智与想象、理性的力量与本能的力量富有成果地结合在一起。”[4] 但是，自从近代以来，工具目的理性取得了压倒性优势。

具体来看，工具理性的勃兴可以从以下几个方面来理解。

（一）近代科学精神的兴起

著名科学史家丹皮尔指出，文艺复兴是人类三个学术发展最惊人的时期之一。[5] 随着文艺复兴对“自然的发现”和对“人的发现”，近代科学出现了一种新型的科学精神，这种精神集中体现在多才多艺的巨人达·芬奇身上，他一方面认为“对于自然界的观察与实验是科学的独一

---

[1] 〔德〕马克斯·韦伯：《经济与社会》，林荣远译，商务印书馆，1997年，第57页。

[2] 〔德〕马克斯·韦伯：《经济与社会》，林荣远译，商务印书馆，1997年，第57页。

[3] 〔美〕依迪丝·汉密尔顿：《希腊精神》，葛海滨译，华夏出版社，2008年，中译本序第6页。

[4] 〔德〕爱德华·策勒尔：《古希腊哲学史纲》，翁绍军译，山东人民出版社，1996年，第20页。

[5] 〔英〕威廉·塞西尔·丹皮尔：《科学史及其与哲学和宗教的关系》（上册），李珩译，商务印书馆，1975年，第160页。

无二的真方法”[1]，同时还认为，“人类的任何探讨，如果不是通过数学的证明进行，就不能说是真正的科学”[2]。这种科学精神体现在哥白尼 1543 年出版的《天体运行论》和近代物理的伟大综合者——牛顿——1687 年出版的不朽名著《自然哲学的数学原理》之中。随着近代自然科学的发展，机械论的自然观逐步取代了文艺复兴早期的具有唯灵论色彩的自然主义自然观。“从伽利略开始，自然便作为一个无色无声无味的寂静冷漠的世界，作为上帝创造的按照数学规律而运行的世界，上帝和人都站在自然的对立面。”[3]

（二）科学精神影响下的哲学精神

近代自然科学的发展使得一向被称为“科学的女王”的形而上学相形见绌，使其甚至沦为“受到驱赶和遗弃的老妇”。但是，在做出如弃妇般抱怨的同时，“当人类探究的一些分支比如物理学或生物学通过运用这种或那种新的收获丰富的方法，从而赢得令人瞩目的成功时，总有人试图也将类似的方法用于解决哲学问题，其结果难料”[4]。科学发展对哲学的影响是人类思维史中一个持久的因素。在近代，17 世纪的数学方法所取得的史无前例的成功影响了哲学，这种方法也被运用于哲学，形成了机械论的世界观。[5] 这种世界观包括五个方面的预设：①物质由粒子组成（本体论预设）；②宇宙是一种自然的秩序（同一原理）；③知识和信息可以从自然界中抽象出来（境域无关预设）；④问题可以分析成能用数学来处理的部分（方法论预设）；⑤感觉材料是分立的（认识论预设）。[6] 正如伯林所指出的，“将数学的方法和语言运用于感觉

---

[1] 〔英〕威廉·塞西尔·丹皮尔：《科学史及其与哲学和宗教的关系》（上册），李珩译，商务印书馆，1975 年，第 163 页。

[2] 郑晓松：《技术与合理化——哈贝马斯技术哲学研究》，齐鲁书社，2007 年，第 39 页。

[3] 吴国盛：《追思自然：从自然辩证法到自然哲学》，辽海出版社，1998 年，第 101–102 页。

[4] 〔英〕以赛亚·伯林：《启蒙的时代：十八世纪哲学家》，孙尚扬、杨深译，译林出版社，2005 年，第 3–4 页。

[5] 〔英〕以赛亚·伯林：《启蒙的时代：十八世纪哲学家》，孙尚扬、杨深译，译林出版社，2005 年，第 4 页。

[6] 〔美〕卡洛琳·麦茜特：《自然之死：妇女、生态和科学革命》，吴国盛等译，吉林人民出版社，1999 年，第 250 页。

所揭示的可测性质一时成为发现与解释的唯一可靠的方法。笛卡尔和斯宾诺莎，莱布尼茨和霍布斯，全都期求赋予他们的论证以数学式的结构。一切能说的必定可以用带有数学性质的语言陈述出来”[1]。

（三）宗教改革的影响

随着资本主义的迅速发展，曾经作为其发展的巨大推动力和精神支撑的新教伦理及其天职观念“似乎永远褪尽了她玫瑰般的红颜”，这是宗教改革者所未曾预见到的。正如韦伯所言，“灵魂的救赎，而且只此一端，才是其生涯与事业的核心……所以我们必须老实承认，宗教改革的文化影响有相当部分……是改革者的事业未曾想见、甚或正非自己所愿见的结果”[2]。如今人们已根本放弃了对其现世职业活动的意义的超越性思考。工具目的理性已经取得了压倒性优势。但是真正将工具理性全面铺陈开来的是启蒙运动。

（四）启蒙运动的影响

启蒙运动，将工具理性推向极致。按照康德的经典表述，“启蒙运动就是人类脱离自己所加之于自己的不成熟状态。不成熟状态就是不经别人的引导，就对运用自己的理智无能为力。当其原因不在于缺乏理智，而在于不经别人引导就缺乏决心与勇气去加以运用时，那么这种不成熟状态就是自己所加之于自己的了”[3]。霍克海默和阿多诺在《启蒙辩证法：哲学断片》中开宗明义：“就进步思想的最一般意义而言，启蒙的根本目标就是要使人们摆脱恐惧，树立自主。”[4]

所以说，尽管这一点是不可置疑的，即“欧洲的启蒙思想，从来就没有形成过一种单纯统一的思想体系。从启蒙的思想传统来说，有经验

---

[1] 〔英〕以赛亚·伯林：《启蒙的时代：十八世纪哲学家》，孙尚扬、杨深译，译林出版社，2005年，第5页。

[2] 〔德〕马克斯·韦伯：《新教伦理与资本主义精神》，康乐、简惠美译，广西师范大学出版社，2007年，第67–68页。

[3] 〔德〕康德：《历史理性批判文集》，何兆武译，商务印书馆，1999年，第22页。

[4] 〔德〕马克斯·霍克海默、西奥多·阿多诺：《启蒙辩证法：哲学断片》，渠敬东、曹卫东译，上海人民出版社，2020年，第1页。

主义传统、理性主义传统，还有带有非理性主义倾向的传统……启蒙思想的内容同样十分丰富复杂，甚至包含着矛盾和冲突"[1]。但是无疑，理性仍然可以被称为启蒙的旗帜。正如马克思、恩格斯所指出的，启蒙思想家们"不承认任何外界的权威，不管这种权威是什么样的。宗教、自然观、社会、国家制度，一切都受到了最无情的批判；一切都必须在理性的法庭面前为自己的存在作辩护或者放弃存在的权利"[2]。可以说，启蒙理性通过自身的"批判"在反对宗教蒙昧主义、专制主义，启示人们自由运用理性等方面具有无可估量的功绩。但是，启蒙理性的吊诡之处，或者说所谓的启蒙辩证法就是，作为"唤醒世界，祛除神话，并用知识替代幻想的启蒙"[3]自身却成为新的神话。"启蒙为了粉碎神话，吸取了神话中的一切东西，甚至把自己当作审判者陷入了神话的魔掌。"[4]只不过，在启蒙的世界中，神话采取了世俗的形式，但其却具有"鬼魅在古代世界里的种种特征"[5]。

尽管启蒙理性与工具理性没有直接关系，但是它却为理性彻底走向工具理性提供了可能。[6]这种可能性很大程度上存在于启蒙对数学和计算理性的推崇。"数字成了启蒙精神的准则……对启蒙运动而言，不能被还原为数字的，或最终不能被还原为太一（Eine）的，都是幻象。"[7]而在这种计算理性的背后，却在生长着野蛮的种子，即一种将思想变成工具，将理性扁平化为工具理性：

---

[1] 庞学铨：《当代中国需要什么样的启蒙》，《浙江学刊》2009 年第 1 期，第 33–40 页。

[2] 〔德〕马克思、恩格斯：《马克思恩格斯选集》（第三卷），中共中央马克思恩格斯列宁斯大林著作编译局译，人民出版社，1972 年，第 56 页。

[3] 〔德〕马克斯·霍克海默、西奥多·阿多诺：《启蒙辩证法：哲学断片》，渠敬东、曹卫东译，上海人民出版社，2020 年，第 1 页。

[4] 〔德〕马克斯·霍克海默、西奥多·阿多诺：《启蒙辩证法：哲学断片》，渠敬东、曹卫东译，上海人民出版社，2020 年，第 9 页。

[5] 〔德〕马克斯·霍克海默、西奥多·阿多诺：《启蒙辩证法：哲学断片》，渠敬东、曹卫东译，上海人民出版社，2020 年，第 24 页。

[6] 庞学铨：《当代中国需要什么样的启蒙》，《浙江学刊》2009 年第 1 期，第 33–40 页。

[7] 〔德〕马克斯·霍克海默、西奥多·阿多诺：《启蒙辩证法：哲学断片》，渠敬东、曹卫东译，上海人民出版社，2020 年，第 5 页。

> 启蒙把思考思想这一传统需求弃置一边——费希特哲学是其最高表现——因为它想要竭力避开费希特自觉遵从的强制实践的箴言。也就是说，数学步骤变成了思维仪式。尽管有着自我限定的公理，数学还是认定自身有着必然性和客观性：它把思想变成了物，变成了工具——他自己也是这样说的。[1]

正如霍克海默和阿多诺所言："在通往现代科学的道路上，人们放弃了任何对意义的探求。他们用公式替代概念，用规则和概率替代原因和东西。"[2]这样一来，工具理性的日益勃兴、价值理性的日益式微，人的发展与人类社会的发展都完全臣服于工具理性的权威，价值理性被挤压，作为主体的人与机器以及官僚机构一样，成为受工具理性宰制的物的一种，本应全面发展的人，成了"单向度的人"。

二、工具理性对人性的贬抑及其与休闲异化的深刻关联

对资本主义社会异化的批判，是马克思在19世纪所开创的，但是人的异化并没有随着历史的发展、社会的进步而在20世纪以及21世纪成为过去，马克思的异化理论即使在今天依然闪耀着时代价值，在对现实进行批判性思考时仍然有着启发作用。但是，马克思所开创的异化理论主要针对的是资本主义劳动领域的异化，即其所关注的主要领域是经济领域，这与其历史唯物主义是一致的。但是，时代的发展甚至超出了马克思的预想，工具理性完全可以说已经成为当代社会运行的最深层的原则，成为人的异化的一切方面（不仅包括劳动异化，也包括休闲异化）的深层根源。"今天，人性的堕落与社会进步是联系在一起的。经济生产力的提高，一方面为世界变得更加公正奠定了基础，另一方面又让机

[1] 〔德〕马克斯·霍克海默、西奥多·阿多诺：《启蒙辩证法：哲学断片》，渠敬东、曹卫东译，上海人民出版社，2020年，第21–22页。

[2] 〔德〕马克斯·霍克海默、西奥多·阿多诺：《启蒙辩证法：哲学断片》，渠敬东、曹卫东译，上海人民出版社，2020年，第3页。

器和掌握机器的社会集团对其他人群享有绝对的支配权。在经济权力部门面前，个人变得一钱不值。”[1] 所以，在人类社会经历了20世纪的两大劫难之后，在和平与发展早已经成为时代主题的今天，我们依然有必要重提工具理性对人的贬抑，而且要对这种工具理性的负面效应的时代特点进行深刻的揭示。

（一）价值理性被挤压

在现代性的进程中，或者如韦伯所言，在我们的文明进程中，世界在不断地祛魅，这个过程的最终结果就是一切不可计算的东西都已经被作为“魔咒”解除，整个世界，从自然科学领域到经济领域到社会领域，甚至文化领域都已经“合理化”了，即都已经在工具理性的轨道内有序运行了。[2] 从一方面来说这固然是一种解放，将人从各种恐惧之中解放出来，在很大程度上也将人从各种匮乏中解放出来。但是，“当近代科学沿着实证主义的轨道不断推进并取得巨大成功的时候，人们突然发现，它不仅打碎了蒙昧主义的枷锁，而且也附带挤压了人的灵性、情感和想象的空间”[3]。当这种工具理性成为衡量一切的标准的时候，“应该由其他标准来确定的事情，却要按照效益或‘代价—利益’分析来决定，应该规导我们生活的那些独立目的，却要被产出最大化的要求所遮蔽”[4]。正如韦伯所言：“我们的时代是一个世界理性化、智化特别是妖魔化的时代。这个时代的命运，恰恰是高级的、最精微的价值淡出了社会生活，或者遁入神秘生活的来世，或者流进了个人之间直接交往的手足之情中。”[5] 按照韦伯关于工具理性与价值理性的区分来说，这种命运就是人的价值理性受到挤压。实际上，按照韦伯的分析，近代资本

[1] 〔德〕马克斯·霍克海默、西奥多·阿多诺：《启蒙辩证法：哲学断片》，渠敬东、曹卫东译，上海人民出版社，2020年，前言第4页。

[2] 冯钢：《马克斯·韦伯：文明与精神》，杭州大学出版社，1999年，第2–7页。

[3] 张凤阳：《现代性的谱系》，江苏人民出版社，2012年，第248页。

[4] 〔加〕查尔斯·泰勒：《现代性之隐忧》，程炼译，中央编译出版社，2001年，第6页。

[5] 〔德〕马克斯·韦伯：《学术生涯与政治生涯——对大学生的两篇演讲》，王容芬译，国际文化出版公司，1988年，第46页。

主义在西方的发生，可以看作是工具理性与价值理性完美结合的典范，一方面，在经济运行中完全按照工具理性的要求来组织现代资本主义企业；另一方面，新教伦理为这种经济理性主义提供了一个超越性的维度，但是，随着资本主义的大获全胜，它再也不需要这根精神支柱了。[1]这种本来只是为人的价值理性服务的工具性的东西成了目的本身，这件本来是随时可以卸下的“斗篷”变成了钢铁般的“牢笼”，这种文化发展的最终阶段就是“专家没有灵魂，纵欲者没有心肝”[2]。韦伯的悲观不是没有道理的，因为工具理性主导的合理化所带来的进步，并不能等同于人本身的进步。或者如有的学者所指出的那样：“尽管现代生活的理性秩序极大增强了，但是，在‘合理的’这个词的人性意义上，人却一丁点也没有变得更加合理些。”[3]相反，却是人本身的丰富性被压抑，人变得“不合理”。

在现代性的发展过程中，这种工具理性过度膨胀和价值理性被挤压的现象，集中表现为本应只服务于实现人的自我发展与自我实现的工具性存在，如生产效率的提高、新产品的研发、新项目的开发等取得了压倒性优势，在现代社会体系中，人们已经可以说是疯狂地投入这些工具性的存在的扩大再生产之中了，早已遗忘了这些存在本来的意义，从而也就遗忘了人之为所本应追求的价值。

在休闲领域中，这种对手段的追求成为目的本身的现象主要表现为人们在休闲中往往片面追求休闲的外在条件，如对休闲设备、休闲环境、休闲技巧等的“歧视性”（凡勃伦意义上的）追求，将这些东西直接当作休闲本身境界高低的表征，甚至将对这些东西的追求当作对休闲本身的追求，从而遗忘了休闲自身的价值所在。

[1] 〔德〕马克斯·韦伯:《新教伦理与资本主义精神》，康乐、简惠美译，广西师范大学出版社，2007年，第187页。

[2] 〔德〕马克斯·韦伯:《新教伦理与资本主义精神》，康乐、简惠美译，广西师范大学出版社，2007年，第187–188页。

[3] 〔美〕威廉·巴雷特：《非理性的人》，段德智译，上海译文出版社，1992年，第287页。

（二）物化的人

工具理性对人的贬抑的第二个维度是人的物化以及物化意识的形成。

“物化”是卢卡奇现代性批判的核心概念之一，卢卡奇对物化与物化意识的研究进一步丰富和发展了马克思的异化理论，同时也使我们对于现代性进程中的工具理性对人的贬抑有了进一步的认识。卢卡奇指出，整个劳动的过程，从手工业经过协作、手工工厂到机器工业的发展所走过的道路，就是一个合理化不断增强，工人的质的特性，即人的个体特性越来越被消除的过程。[1]这主要表现在以下几个方面：第一，随着劳动过程被分解为抽象合理的局部操作，工人同作为整体的产品的联系被切断，工人的工作被简化为机械重复的专门职能[2]；第二，由于生产过程的合理化，曾经作为经验把握的平均的劳动时间成为可以按客观计算的劳动定额，“以现成的和独立的客观性同工人相对立”[3]；第三，由于劳动过程的合理化，“人无论在客观上还是在他对劳动过程的态度上都不是这个过程真正的主人，而是作为机械化的一部分被结合到某一机械系统里去”[4]。

这三个方面的分析，其实某种程度上仍然属于马克思所分析的劳动过程的异化。卢卡奇对于马克思异化理论的发展主要体现在两个方面。

其一，物化的普遍化。卢卡奇指出，尽管在前资本主义社会，也存在着极端严重的压迫，也存在着蔑视人类尊严的剥削，使用机械的、形式相同的大规模劳动，如埃及的运河挖掘、罗马矿山的开采等，但那时这种劳动现象只是一种孤立的社会现象，合理化或者说工具理性的计算

---

[1] 〔匈〕格奥尔格·卢卡奇：《历史与阶级意识：关于马克思主义辩证法的研究》，杜章智、任立、燕宏远译，商务印书馆，1999 年，第 154 页。

[2] 〔匈〕格奥尔格·卢卡奇：《历史与阶级意识：关于马克思主义辩证法的研究》，杜章智、任立、燕宏远译，商务印书馆，1999 年，第 154 页。

[3] 〔匈〕格奥尔格·卢卡奇：《历史与阶级意识：关于马克思主义辩证法的研究》，杜章智、任立、燕宏远译，商务印书馆，1999 年，第 154 页。

[4] 〔匈〕格奥尔格·卢卡奇：《历史与阶级意识：关于马克思主义辩证法的研究》，杜章智、任立、燕宏远译，商务印书馆，1999 年，第 156 页。

原则还没有成为一种普遍的、主导的原则。但是，随着现代性的高歌猛进，随着资本主义生产方式逐渐成为一种占统治地位的生产方式，“工人的命运成为整个社会的普遍命运”[1]。这种物化不仅体现为人在生产领域中的客体化、数字化，而且也体现在现代的官僚统治之中，也存在着与我们在生产领域中所看到的一样的“合理的和非人性的类似分工”，而且存在着一种完全机械化的、无聊的劳动方式。[2]

其二，物化的内化。比物化的普遍化更深层次的问题是物化的内化，即随着物化程度的不断深入，物化的支配力量会内化到人的生存意识之中，从而形成一种物化意识。卢卡奇指出："随着对劳动过程的现代'心理'分析（泰罗制），这种合理的机械化一直推行到工人的'灵魂'里，甚至他的心理特性也同他的整个人格相分离，同这种人格相对立地被客体化，以便能被结合到合理的专门系统里去，并在这里归入计算的概念。"[3]在现代社会的发展过程中，物化越来越深地侵入人的意识[4]，形成物化意识。随着物化意识的形成，人们逐渐失去了对抗客观上的物化的愿望，无意识地将物化当作自己一种新的“自然”加以接受。这正是马尔库塞所着力批判的、工具理性对人的贬抑的另一个维度，即“单向度的人”。

人的物化是对人的主体性的否定，人沦为物质生产的一个功能性组成部分，本质上就是物。这种对人性的贬抑以及这种贬抑的内化，给人的休闲带来了深刻的影响。丧失了主体性的人从根本上是不可能有本真的休闲的。这种作为物而存在的人，其休闲也仅仅是为了更好地服务于物质生产，更好地实现人作为物的功能，而不是为了人本身的自我实现。这种意义上的休闲，仅仅注重恢复人的体力，放松人们因为生产而过度

---

[1] 〔匈〕格奥尔格·卢卡奇：《历史与阶级意识：关于马克思主义辩证法的研究》，杜章智、任立、燕宏远译，商务印书馆，1999 年，第 158 页。

[2] 〔匈〕格奥尔格·卢卡奇：《历史与阶级意识：关于马克思主义辩证法的研究》，杜章智、任立、燕宏远译，商务印书馆，1999 年，第 168 页。

[3] 〔匈〕格奥尔格·卢卡奇：《历史与阶级意识：关于马克思主义辩证法的研究》，杜章智、任立、燕宏远译，商务印书馆，1999 年，第 154–155 页。

[4] 〔匈〕格奥尔格·卢卡奇：《历史与阶级意识：关于马克思主义辩证法的研究》，杜章智、任立、燕宏远译，商务印书馆，1999 年，第 161 页。

紧张的神经等，其中仅仅只有物的存在及其意义，而丝毫看不到作为主体的人的价值，这样的休闲只能是异化的休闲。

（三）“单向度的人”

所谓“单向度的人”，在马尔库塞那里就是指只具有肯定现实、与现实同一而失去了否定、批判和超越能力乃至意识的人。马尔库塞是通过对工具理性的最典型表现，即对技术理性的批判来批判发达工业社会中工具理性对人性的贬抑的。马尔库塞并不是一般地反对技术，而是反对理性在现代社会最新的演变结果，即作为一种新型合理性的技术合理性。[1] 这种合理性表面上在给予任何价值选择以自由，从而保持一种自身的“中立性”，但这种中立性是一种“肯定性”，它设计出的是能够在实践上顺应各种目的的纯形式。[2] 这种新型的技术合理性“通过对自然的统治而逐步为愈加有效的人对人的统治提供纯概念和工具”[3]。在技术的媒介作用中，文化、政治和经济都并入一种无所不在的制度，吞没或拒斥所有历史替代性选择[4]，这样的社会就是“单向度社会”。这种社会对人的贬抑，并不是像马克思所描述的在资本主义初期工人遭到整个资本家阶级的剥削和压迫那样晦暗的场景，与此相反，工具理性主导下的“单向度社会”，对人性的贬抑却有一种舒适、自由、富足的表象，人们处处都获得一种“虚假的满足”，劳动强度随着机械化与自动化的发展似乎在不断地降低，“蓝领”工人白领化。但是正是这种“比以前好得多的生活方式”阻碍着超越性的思想和行为模式，导致一种单

---

[1] 〔美〕赫伯特·马尔库塞：《单向度的人：发达工业社会意识形态研究》，刘继译，上海译文出版社，2008 年，第 99 页、第 125 页。

[2] 〔美〕赫伯特·马尔库塞：《单向度的人：发达工业社会意识形态研究》，刘继译，上海译文出版社，2008 年，第 125 页。

[3] 〔美〕赫伯特·马尔库塞：《单向度的人：发达工业社会意识形态研究》，刘继译，上海译文出版社，2008 年，第 126 页。

[4] 〔美〕赫伯特·马尔库塞：《单向度的人：发达工业社会意识形态研究》，刘继译，上海译文出版社，2008 年，导言第 7 页。

向度的思想和行为模式。[1]这恰恰是异化的更高阶段[2]，是人性被贬抑的深层表现。

“单向度的人”其休闲也必然是单向度的。所谓单向度的休闲是指人们已经完全满足于工具理性及资本逻辑所主导的现代休闲方式，认为这种完全按照技术理性来设计的、按照资本逻辑来运行的休闲方式就是现代人的真正需求所在，而完全失去了超越这种受控的现实之上的动机。本真休闲所应具有的对现实存在的超越、对更高精神境界的追求在这种单向度的休闲之中被完全抹杀，这样的休闲必然是异化的。

总之，工具理性对人性的贬抑是休闲异化的现代性根源之一。这种对人性的贬抑是对本真休闲所应有的主体性的直接否定。受到贬抑的主体，其休闲必然是一种异化的休闲。

第二节 资本逻辑对休闲的裹挟

一、资本逻辑

现代社会中，在影响的范围与深度上唯一能与技术理性相提并论的或许就是资本以及资本逻辑了。

现代性确实处处体现出技术理性的特征。但是技术理性之所以在现代社会中具有强大的和无所不在的支配力，这种权力的基础来自它支配经济运行的权力，正是借助于现代经济运行的内在逻辑，技术合理性才变成了支配合理性本身[3]。

---

[1] 〔美〕赫伯特·马尔库塞：《单向度的人：发达工业社会意识形态研究》，刘继译，上海译文出版社，2008年，第11页

[2] 〔美〕赫伯特·马尔库塞：《单向度的人：发达工业社会意识形态研究》，刘继译，上海译文出版社，2008年，第10页。

[3] 技术用来获得支配社会的权力的基础，正是那些支配社会的最强大的经济权力。技术合理性已经变成了支配合理性本身，具有社会异化于自身的强制本性。汽车、炸弹和电影将所有事物都连成了一个整体，直到它们所包含的夷平因素演变成一种邪恶的力量。文化工业的技术，通过祛除掉社会劳动和社会关系系统这两种逻辑之间的区别，实现了标准化和大众生产。这一切，并不是技术运动规律所产生的结果，而是由今天经济所行使的权力造成的。（〔德〕马克斯·霍克海默、西奥多·阿多诺：《启蒙辩证法：哲学断片》，渠敬东、曹卫东译，上海人民出版社，2020年，第108页。）

现代社会的演进，某种意义上就是资本利用技术理性而产生、发展并逐步向世界范围渗透的过程。在一定程度上可以说，现代社会，不论是发达地区还是不发达地区，几乎所有的方面都打上了资本的烙印。

谈到资本逻辑，不得不谈到资本，也就不得不谈到马克思的“资本论”。在《资本论》中，马克思单辟一章专门研究“货币转化为资本”。货币在前资本主义时代就已存在，尽管货币是资本的最初形式，但货币并不等于资本。世界贸易和世界市场在16世纪揭开了资本的现代生活史。[1] 马克思区分了作为货币的货币和作为资本的货币。商品流通的直接形式是商品（W）—货币（G）—商品（W'），在这一过程中，商品转化为货币，货币再转化为商品，为买而卖。但是这种流通还有另外一种形式，即货币（G）—商品（W）—货币（G'），货币转化为商品，商品再转化为货币，为卖而买。正是在这后一种流通中，货币转化为资本，当然这只是不完整的形式。“这个过程的完整形式是G—W—G'。其中的G'=G+ΔG，即等于原预付货币额加上一个增殖额。我把这个增殖额或超过原价值的余额叫作剩余价值（surplus value）……正是这种运动使价值转化为资本。”[2]

马克思进一步分析指出，一般的商品流通，即为买而卖的过程是以达到这一过程以外的最终目的，即消费或满足一定的需要为限[3]，这就决定了这种过程的有限性。“相反，在为卖而买的过程中，开端和终结是一样的，都是货币，都是交换价值，单是由于这一点，这种运动就已经是没有止境的了。”[4]“简单商品流通——为买而卖——是达到流通以外的最终目的，占有使用价值，满足需要的手段。相反，作为资本的

---

[1] 〔德〕马克思：《资本论》，中共中央马克思恩格斯列宁斯大林著作编译局译，人民出版社，2004年，第171页。

[2] 〔德〕马克思：《资本论》，中共中央马克思恩格斯列宁斯大林著作编译局译，人民出版社，2004年，第176页。

[3] 〔德〕马克思：《资本论》，中共中央马克思恩格斯列宁斯大林著作编译局译，人民出版社，2004年，第177页。

[4] 〔德〕马克思：《资本论》，中共中央马克思恩格斯列宁斯大林著作编译局译，人民出版社，2004年，第177页。

货币的流通本身就是目的，因为只是在这个不断更新的运动中才有价值的增殖。因此，资本的运动是没有限度的。”[1]

作为资本的货币流通中，价值增殖，即由 G 到 G' 是资本家的主观目的。马克思指出，“预付的 100 镑只是由于有了 10 镑剩余价值才成为资本，而它一旦成为资本，一旦生了儿子，并由于有了儿子而生了父亲，二者的区别又马上消失，合为一体——110 镑”[2]。也就是说，正是由于 ΔG 的产生使得货币成为资本，即带来增殖的货币才成为资本。不仅如此，马克思还指出，它的“目的不是取得一次利润，而只是谋取利润的无休止的运动”[3]。

马克思对资本的分析和对资本逻辑的揭示是非常深刻入微的，根本不是我们在这里能够概括得了的。不过，我们已能管窥到资本逻辑的核心内容。由于增殖的形成才使得资本成为资本，而这种增殖的资本又与原先投入的资本合并追求新的增殖。资本运动有两个特点，一个是无限性，一个是增殖性。所以，简单说来资本的逻辑就是追求无止境的增殖。

二、资本逻辑的积极作用

或许正是由于资本逻辑自身的简单性，所以其在历史的发展中已经显示出巨大的能量。马克思指出：“资本的文明面之一是，它榨取剩余劳动的方式和条件，同以前的奴隶制、农奴制等形式相比，都更有利于生产力的发展，有利于社会关系的发展，有利于更高级的新形态的各种要素的创造。”[4]

粗略地说来，资本逻辑的积极作用主要有以下几个方面。

[1] 〔德〕马克思：《资本论》，中共中央马克思恩格斯列宁斯大林著作编译局译，人民出版社，2004 年，第 178 页。

[2] 〔德〕马克思：《资本论》，中共中央马克思恩格斯列宁斯大林著作编译局译，人民出版社，2004 年，第 181 页。

[3] 〔德〕马克思：《资本论》，中共中央马克思恩格斯列宁斯大林著作编译局译，人民出版社，2004 年，第 179 页。

[4] 〔德〕马克思、恩格斯：《马克思恩格斯全集》（第二十五卷），中共中央马克思恩格斯列宁斯大林著作编译局译，人民出版社，1974 年，第 925–926 页。

第一，推动技术进步与生产力发展。在对利润的无止境、但却是理性的追逐过程中[1]，资本逻辑在客观上会调动一切有利因素推动技术进步和生产力的发展。这种推动作用甚至可以超过任何宗教的、道德的动机。由于这种对于增殖的强烈的、无止境的，但却是理性的欲望，才给整个经济与社会领域的发展进步带来了前所未有的、强劲而又持久的推动力。对于资本推动生产力的发展，马克思做出过生动的说明：

> 资产阶级在它的不到一百年的阶级统治中所创造的生产力，比过去一切世代创造的全部生产力还要多，还要大。自然力的征服、机器的采用、化学在工业和农业中的应用、轮船的行驶、铁路的通行、电报的使用、整个整个大陆的开垦、河川的通航、仿佛用法术从地下呼唤出来的大量人口——过去哪一个世纪料想到在社会劳动里蕴藏有这样的生产力呢？[2]

第二，推动社会关系的变革。为了自身的不断增殖，资本不但会冲破在生产领域的一切阻碍，而且还会进一步延伸到社会领域，将一切不利于资本增殖的价值观念、社会关系等都冲破，从而推动社会关系的变革。正如马克思所指出的，一切固定的僵化的关系以及与之相适应的被尊崇的观念和见解都被消除了。[3]某种意义上可以说，现代社会冲破封建的人身依附关系，实现的人的自由、平等、独立，都与资本逻辑直接相关。

第三，推动人自身的发展。在推动生产力发展与社会关系变革的同

[1] 马克思指出："这种绝对的致富欲，这种价值追逐狂，是资本家和货币贮藏者所共有的，不过货币贮藏者是发狂的资本家，资本家是理智的货币贮藏者。"（〔德〕马克思：《资本论》，中共中央马克思恩格斯列宁斯大林著作编译局译，人民出版社，2004年，第179页。）

[2] 〔德〕马克思、恩格斯：《共产党宣言》，中共中央马克思恩格斯列宁斯大林著作编译局译，人民出版社，1997年，第32页。

[3] 〔德〕马克思、恩格斯：《共产党宣言》，中共中央马克思恩格斯列宁斯大林著作编译局译，人民出版社，1997年，第30页。

时，资本逻辑对于人自身的发展功不可没。一是随着生产力的发展，人们可支配的物质力量不断增强，为人的全面发展提供了坚实的物质基础。二是随着社会生产力的发展，人们的劳动时间和劳动强度在总体上都降低了，这就为人们赢得了更多的自由时间，而自由时间是人自由全面发展的基本前提。三是因为“人是一切社会关系的总和”，而资本逻辑使人摆脱了人身依附关系，并为个人之间构建社会联系创造了条件。正如马克思所指出的：“不断扩大产品销路的需要，驱使资产阶级奔走于全球各地。它必须到处落户，到处开发，到处建立联系。”[1]而这种交往的普遍性，正是个人全面发展的基础。[2]因为，“个人的全面性不是想象的或设想的全面性，而是他的现实关系和观念关系的全面性”[3]，“只有这样，单个人才能摆脱种种民族局限和地域局限而同整个世界的生产（也同精神的生产）发生实际联系，才能获得利用全球的这种全面的生产（人们的创造）的能力”[4]。

三、资本逻辑对休闲的全面裹挟

尽管资本逻辑挖掘出了超出任何时代人的想象的巨大的社会生产力，也为人的自由全面发展创造了条件，但是资本的眼中天然是没有人的，“它使人和人之间除了赤裸裸的利害关系，除了冷酷无情的‘现金交易’，就再也没有任何别的联系了”[5]。或许正是这种冷酷无情才那样纯粹地推动了社会生产力的提高。但毕竟，生产力的提高不代表社会本身的进步，更不代表人本身的发展。虽然资本宣扬的是在资本面前人

[1] 〔德〕马克思、恩格斯：《共产党宣言》，中共中央马克思恩格斯列宁斯大林著作编译局译，人民出版社，1997年，第31页。

[2] 〔德〕马克思、恩格斯：《马克思恩格斯全集》（第四十六卷·下册），中共中央马克思恩格斯列宁斯大林著作编译局译，人民出版社，1980年，第36页。

[3] 〔德〕马克思、恩格斯：《马克思恩格斯全集》（第四十六卷·下册），中共中央马克思恩格斯列宁斯大林著作编译局译，人民出版社，1980年，第36页。

[4] 〔德〕马克思、恩格斯：《马克思恩格斯选集》（第一卷），中共中央马克思恩格斯列宁斯大林著作编译局译，人民出版社，1995年，第89页。

[5] 〔德〕马克思、恩格斯：《共产党宣言》，中共中央马克思恩格斯列宁斯大林著作编译局译，人民出版社，1997年，第30页。

人平等，但是资本逻辑却是十足的霸权逻辑，现实世界中的一切——自愿的、被迫的，有意识地、无意识地——都被纳入资本的体系之中。无论资本逻辑在客观上具有怎样的世界历史进步意义，无论它将自己做了怎样的包装，如追求平等、追求幸福、追求自我实现等，这些都改变不了资本最本质的东西，即对剩余价值无止境地追逐。资本的眼中只有剩余价值和利润，甚至连物都不存在，更不用说人的存在了。用马克思的话说："资本来到世间，从头到脚，每个毛孔都滴着血和肮脏的东西。"[1] 尽管马克思在这里主要是针对资本的原始积累来说的，但是资本逻辑的巨大的负效应在现代社会的发展中早已是暴露无遗。其中包括对劳动者的剥削、对自然资源的破坏性开发以及一系列因为追逐利润而带来的社会风险甚至是动乱和战争。对此，马克思在《资本论》中引述的一段话就可以很好地说明：

> 资本害怕没有利润或利润太少，就像自然界害怕真空一样。一旦有适当的利润，资本就胆大起来。如果有10%的利润，它就保证到处被使用；有20%的利润，它就活跃起来；有50%的利润，它就铤而走险；为了100%的利润，它就敢践踏一切人间法律；有300%的利润，它就敢犯任何罪行，甚至冒绞首的危险。如果动乱和纷争能带来利润，它就会鼓励动乱和纷争。走私和贩卖奴隶就是证明。[2]

资本的负面效应是全面的，正如资本本身的无孔不入一样。所以，这种负面效应也充分地体现在休闲之中。尽管如我们前文所言，资本逻辑在生产力发展、社会关系变革、人本身的发展等方面的积极效应对现

[1] 〔德〕马克思：《资本论》，中共中央马克思恩格斯列宁斯大林著作编译局译，人民出版社，2004年，第871页。

[2] 〔德〕马克思：《资本论》，中共中央马克思恩格斯列宁斯大林著作编译局译，人民出版社，2004年，第871页。

代休闲的发展功不可没，但是资本逻辑对现代休闲的全面裹挟却是现代休闲异化的根源之一。我们可以从以下几个方面来深入理解资本逻辑对现代休闲的全面裹挟。

（一）资本逻辑对休闲时间的裹挟

1.“钟表的暴政”对休闲时间的吞噬

所谓“钟表的暴政”（the tyranny of the clock）是指现代社会中的一切活动都被严格地按照钟表的时间来安排。这种现象完全是一种现代现象。芒福德甚至指出，现代工业时代最关键的机器不是蒸汽机而是时钟，现代工业体系没有煤、铁和蒸汽固然无法运转，但是没有钟表更加不行。[1]现代生产体系甚至在一定程度上已经发展到可以没有煤、铁和蒸汽，但对时钟的依赖却更深了。当然，从最切近的意义上说，钟表时间是技术理性的产物，但是这种技术理性的产物却深深地契合资本逻辑的内在要求，因为严格按照钟表时间生产、流通、消费才能更有效地实现利润的最大化，所以钟表时间才会得到资本逻辑的极力推崇，资本逻辑又通过现代规训制度使得钟表时间以及进一步的守时观念逐步地深入人心。

在钟表时间的统治下，不但我们的生产流程要严格按照它的规定来进行，我们的作息也要按照它的规定来进行，甚至我们什么时候吃饭、什么时候喝水、什么时候睡觉、什么时候去健身等都是按照严格的钟表时间来安排的。正如芒福德所指出的：“它管理一天的安排，从何时起床，到何时休息。”[2]时间变成了抽象地存在于钟表上的时、分、秒，完全脱离了与季节变化、花开花谢、潮涨潮落以及社会文明和人自身演进之间的有机联系，脱离了与人对外界变化的体验之间的联系。

当然，我们不可能回到那种一切都在自然节奏或者完全是生命节奏的原始社会了，钟表时间、工业时间或者说资本的时间已然存在了，是

[1] 〔美〕刘易斯·芒福德：《技术与文明》，陈允明、王克仁、李华山译，中国建筑工业出版社，2009年，第17–18页。

[2] 〔美〕刘易斯·芒福德：《技术与文明》，陈允明、王克仁、李华山译，中国建筑工业出版社，2009年，第17页。

现代社会有序运转的基本要求，而且合理的时间观念也是现代人人格健康的一个基本条件。但是，这并不代表我们可以毫无批判地接受这种时间，尤其是在休闲中，这样的钟表时间与本真的休闲时间是格格不入的。本真的休闲时间具有两个特点：从消极 (negative) 方面看，它是对钟表时间的遗忘。不说要做到“乐而忘忧，不知老之将至”，至少在真正的休闲之中，人们不会总是惦记着几点几分，与朋友交流、品茗赏花、读书写字，如果我们要从这些活动中体验到真正的休闲，钟表的时间就必须至少是暂时离场，让我们只专注于活动本身，从活动开始、渐入佳境再到意犹未尽的结束，而不应有几点几分。从积极（positive）方面看，本真的休闲时间是建立在人与自然、人与人以及人与自己的内心体验有机联系的基础上的，而不是抽象的钟表上的时、分、秒。在休闲过程中，我们体验到的应是事物自身的变化以及这种变化给我们的心灵带来的触动，体验到的是人与自然、人与人、人与自己之间的和谐律动。而钟表时间几乎完全是与本真的休闲时间背道而驰。所以从这个意义上来说，钟表暴政吞噬了本真的休闲时间，这虽然不能直接归因于资本逻辑，但这却是在资本逻辑强有力推动下实现的。

2.“自由时间”之不可能

本真的休闲时间被钟表时间所吞噬，自由时间在资本逻辑的裹挟之下更是一种不可能的存在。

我们对“自由时间”的使用太缺少反思了，尤其是从休闲学视角的反思，仅有少数休闲学者专门对自由时间做了批判性的“理性思考”[1]，但这种思考并未能引起人们足够的重视和深入的讨论。某种意义上，在休闲研究领域中，我们其实是在一种不假思索、毫无反思的意义上使用自由时间，但我们自己却并没有意识到这个问题。因为这里说的自由时间，其实完全是在资本逻辑的支配体系中的时间，说直白一点，这里的

[1] 马惠娣：《自由时间：人是自由的吗？》，《求是学刊》1999 年第 5 期，第 30–33 页；马惠娣、成素梅：《关于自由时间的理性思考》，《自然辩证法研究》1999 年第 1 期，第 35–40 页。

自由时间几乎可以等同于劳动中的休息时间，归根到底属于劳动时间的范畴。对此，波德里亚有着虽然稍显偏颇但却十分深刻的论述：

> （生产）系统的规律是不休假的。它们持续地在任何地方——在路上、在海滩上、在俱乐部中——再生产作为生产力的时间。表面上一分为二变成劳动时间和休闲时间——后者打开了自由的先验领域——这是一个神话……是将同一个系统程序划分为劳动时间和休闲时间。我们将会看到由于这种客观的、逻辑的共通，制约着劳动时间的标准和约束也被传送到了自由时间及其内容之中。[1]

对于资本逻辑裹挟之下的自由时间之不可能性，我们可以从以下几个方面来深入阐述。

第一，从自由时间的观念看，人们的自由时间观念在一定程度上受到资本逻辑的左右。

从学者对休闲的词源考察来看，无论是在古希腊还是在古罗马，都是以休闲的否定形态来表示工作[2]，这从一个侧面证明了休闲是一种本然的存在，而不是参照工作而存在的。同样，作为真正的休闲的时间的自由时间，也应该是一种本然的存在，而非作为其他任何时间的参照或者是“剩余”的时间。但是，在现代社会，在资本逻辑的裹挟之下，我们通常习惯于将自由时间看作是“必要劳动时间以外的可供个人随意支配的时间”，这恰是资本逻辑支配下的人们对自由时间的错位认识，即以劳动时间来衡量自由时间，而劳动时间在资本逻辑的语境中就是完全

---

[1] 〔法〕让·波德里亚：《消费社会》，刘成富、全志钢译，南京大学出版社，2000 年，第 172 页。

[2] 〔德〕约瑟夫·皮珀：《闲暇：文化的基础》，刘森尧译，新星出版社，2005 年，第 7 页；〔法〕罗歇·苏：《休闲》，姜依群译，商务印书馆，1996 年，第 9 页；Byron Dare, George Welton, William Coe. Concepts of Leisure in Western Thought, a Critical and Historical Analysis. Kendall/Hunt Publishing Company, 1987: pxvii。这些文献中都指出，古希腊休闲使用的词是 skole，而工作（当然不能等同于我们现代意义上的工作）是在这个词前加上反义的前缀构成，即 askolia。古罗马表示休闲的拉丁词是 otium，而表示劳作的词是以此为词根加上表示反义的词根构成，即 neg-otium。

受资本控制的时间。正是在这种情况下，波德里亚才一针见血地指出："休闲并非对时间的自由支配，那只是它的一个标签，其基本规定性就是区别于劳动时间的束缚。所以它是不自主的，它是由劳动时间的缺席规定的。"[1]

自由时间受制于资本逻辑更直接、更显性地体现为"时间就是金钱"的观念。在资本逻辑的裹挟之下，金钱成了人们衡量一切的标准，这种观念不仅到处支配着物质生产、商品贸易以及日常事务，而且一直将触角延伸到了休闲领域之中。正如波德里亚所指出的：

> "时间就是金钱"这句烙在雷明顿打字机上的铭言同样也烙在工厂的门楣之上、烙在日常性事务奴役的时间之中、烙在变得越来越重要的"时间预算"的概念里。它甚至还支配着——而这才是我们的兴趣所在——休闲与自由时间。决定着空闲时间并被烙在海滩日晷仪上以及度假俱乐部门楣上的还是它。[2]

第二，从自由时间的来源看，资本逻辑规定了我们只有通过更加卖力的工作才能为自己挣得更多的自由时间，我们也接受了这样的安排。这样挣来的自由时间固然是宝贵的，但却难以成为休闲中的自由时间，这只是我们通过提高劳动强度将更长的劳动时间压缩成更短的时间换来的，它只不过是我们劳动时间的变相表现。

第三，从自由时间的使用看，我们几乎完全按照资本逻辑在使用我们的自由时间，即使是"浪费"或者"挥霍"我们的自由时间，也是在资本逻辑的意义上说我们"浪费"或者"挥霍"了自由时间。

正如波德里亚所指出的："在我们的体系中，时间只有作为物品、作为每个人都能'随心所欲地'用于'投资'的由年、时、日构成的计

[1] 〔法〕让·波德里亚：《消费社会》，刘成富、全志钢译，南京大学出版社，2000 年，第 177 页。
[2] 〔法〕让·波德里亚：《消费社会》，刘成富、全志钢译，南京大学出版社，2000 年，第 169 页。

时资本才能得到‘解放’。因此事实上它已经不再‘自由’了，它的计时要受到总体性抽象即生产系统的抽象的支配。”[1]即使我们可以说这种自由时间是经济上的非生产时间，“但却是一种价值生产时间——区分的价值、身份地位的价值、名誉的价值。因此，什么也不做（或者不做任何生产性事情）变成了一种特定活动”[2]。所以，自由时间中表面上的无拘无束、自由自在，其实同样在忠实遵循着由资本逻辑所直接决定着的生产和贸易领域中的一切规则。

（二）资本逻辑对休闲活动的裹挟

本真的休闲当然需要不受资本逻辑裹挟的自由时间，但也需要落实到一定的行为中去（即使我们什么也不做，但这也是一种行为），而且同样需要落实到不受资本逻辑裹挟的行为之中。但是，我们发现在这个资本逻辑全面支配的世界中，我们能够想到的不受资本逻辑支配的休闲活动似乎已经很少了，甚至我们已经无意识地只会按照资本逻辑的理路去构思我们的休闲活动了。

马克思、恩格斯在《共产党宣言》中对资本对人们的无缝掌控进行了生动描述：

> 当工厂主对工人的剥削告一段落，工人领到了用现钱支付的工资的时候，马上就有资产阶级中的另一部分人——房东、小店主、当铺老板等等向他们扑来。[3]

实际上，随着资本逻辑自身的进化，它对工人甚至整个社会掌控的深度与广度已经远超过马克思、恩格斯当年所描述的情况。现在的情况是，还没等我们领到工资，早已有不同的资本家向我们扑来了，因为现

[1] 〔法〕让·波德里亚：《消费社会》，刘成富、全志钢译，南京大学出版社，2000 年，第 169 页。
[2] 〔法〕让·波德里亚：《消费社会》，刘成富、全志钢译，南京大学出版社，2000 年，第 176 页。
[3] 〔德〕马克思、恩格斯：《共产党宣言》，中共中央马克思恩格斯列宁斯大林著作编译局译，人民出版社，1997 年，第 35 页。

在有了信用卡，资本鼓励我们提前消费。其实，更能体现资本逻辑控制深度的不是它对我们可支配收入的控制，而是它对我们时间的裹挟，主要是开发一系列活动作为我们的休闲活动，或者按照马克思、恩格斯的说法，当我们通过劳动从一些资本家那里为自己挣得了一点可自由支配的时间时，另一些资本家立即就向我们扑来——为我们送来了各种各样的“休闲活动”。这就是资本逻辑裹挟下的休闲活动的商业化、物质化。所有的休闲活动都被化约成了某种商品或可以（需要）用钱来购买的服务，在资本逻辑的裹挟之下，休闲似乎变得很简单——“没有买不到，只有想不到”，只要是你想要的休闲，你都可以买到，你要的休闲其实就是一系列不同的商品与有偿服务。

我们可以看出，资本逻辑对休闲的裹挟，主要通过对休闲供给的控制来实现。概括来说，可以通过以下几个方面来理解资本逻辑对休闲活动的裹挟。

1. 休闲活动的商业化

在资本逻辑无限逐利动机的驱使下，休闲活动等同于某种商业活动，或者说消费活动。在这种情况下，和朋友喝茶就要在优雅的茶室之中，体验大自然就要购买一系列的装备去户外旅行或者徒步，听音乐就要购买专业的音响设备，爱好摄影就要购买怎样的相机、怎样的镜头等；资本逻辑还告诉我们哪些地方是最适合进行创作、实现自我、体验自我的地方，哪些地方是最能体验浪漫、体验激情的地方等。在市井之中，甚至将休闲等同于休闲按摩、足浴等。一定程度上，休闲已经完全是商业王国的事了。

以旅游休闲为例，我们在旅游目的地的选择、旅行方式的选择、旅行装备的配置上均已受到资本逻辑的裹挟。在我们个人自助的旅游之中，资本逻辑往往是通过广告宣传等比较隐蔽的方式来制约我们的旅游休闲活动。而在由旅行社组织的团队游中，可以说旅游过程都是在被资本牵着鼻子走的，从旅游路线的规划，到具体行程的安排，这些早已都是被资本逻辑精心设计好的。作为旅游者的我们，大多数时候就是像待宰的羔羊。这种状况我们从屡见不鲜的对于随团游中诸如缩减景点游览时间、胁迫购物等投诉中可见一斑。

通过购买商品而进行休闲活动，并非本身成问题，我们总不能奢望资本家无偿为我们提供休闲产品与休闲项目；我们甚至可以说，在一定意义上资本逻辑丰富了我们的休闲资源，为我们的休闲活动提供了更好的产品与服务。但正如我们在对休闲的界定之中所指出的，这些本身还远不是休闲，资本逻辑只是打着休闲的幌子行其无限增殖的实质而已。比这更为严重的问题是，我们已经接受了资本逻辑对休闲活动的绑架。在一定程度上，我们认为只有在金钱上更贵的休闲活动才是更好的休闲活动，只有花更多的钱参加的休闲活动才可能获得更好的休闲体验。这正是资本逻辑对休闲裹挟的更深的层次，即对休闲体验的裹挟。

2. 休闲活动的标准化与伪个性化。

资本逻辑是按照统一的标准来为人们提供休闲产品与项目的，但是这种标准化却又处处打着个性化的旗帜。无论是电影、电视、流行音乐，还是休闲旅游、休闲度假，都在告诉我们这些已充分考虑到休闲者的个性化需求，但是正如霍克海默和阿多诺所指出的，“在文化工业中，个性就是一种幻想……个性不过是普遍性的权力为偶然发生的细节印上的标签”[1]。在文化工业的过滤下，资本逻辑为我们提供的这些休闲活动，都是按照不变的模式炮制出来的，所有变化的细节只不过是早就制定好的陈词滥调而已。[2] 这种标准化与伪个性化是对个性与创造性的直接扼杀。

3. 休闲活动的伪文化与精神内涵的凋敝

本真的休闲总是有其独特而深厚的精神内涵。但是，按照资本逻辑

[1] 〔德〕马克斯·霍克海默、西奥多·阿多诺：《启蒙辩证法：哲学断片》，渠敬东、曹卫东译，上海人民出版社，2020 年，第 158 页。

[2] 〔德〕马克斯·霍克海默、西奥多·阿多诺：《启蒙辩证法：哲学断片》，渠敬东、曹卫东译，上海人民出版社，2020 年，第 127 页。

运行的文化工业为我们提供的所谓的文化休闲却是伪文化的。资本逻辑似乎也在迎合着人们对文化的追求，到处打着文化的旗号，推出所谓的文化之旅、各种各样的文化节等，甚至在流行音乐中也不时出现高雅文化的符号，其实正如资本自己所说的那样是“文化搭台，经济唱戏”。这些所谓的文化休闲活动，其实完全遵循着资本逻辑自身的要求[1]。这些所谓的文化休闲活动，一方面是对文化的腐蚀，正如霍克海默所言：“人们今天所称的流行娱乐实际上是为文化工业所刺激、所操纵、所悄悄腐蚀的要求。它与艺术无关，尤其是在它装着与艺术相关的地方更是如此。”[2] 文化被伪文化所代替，或者说当市场大肆鼓噪文化之时，正是文化危机之时。另一方面这种伪文化的休闲也是对休闲内涵的贬抑，实际上是对休闲的精神内涵的否定。

（三）资本逻辑对休闲体验的裹挟

在作为系统与过程的休闲界定之中，休闲体验是至关重要的要素。甚至在一定意义上，我们也认为“休闲可以作为直接体验来研究”[3]。对于休闲体验，很多学者都从各自不同的角度做了深入的研究[4]。基于本书的研究目的，我们不会对休闲体验做本体论探究。我们基本认同凯利关于体验的观点，即体验不是简单的感觉，而是个体对外部材料进行感知与同化的一种精神及情感过程，是在与外部环境相关联的基础上发生的、与当时的时间空间相联系的精神过程，是有外在所指的理解与感

---

[1] 在《启蒙辩证法：哲学断片》中，霍克海默和阿多诺对资本逻辑控制下的文化工业这种伪文化性做出过深刻的论述：“如果贝多芬交响乐中的一个乐章被野蛮地‘改编’成一段电影音乐，或者托尔斯泰的小说被同样篡改为电影脚本，那么我们与其说这样做是为了满足公众自发的愿望，还不如说是在夸夸其谈。如果我们解释了这些技术机制和人事机构所固有的现象，我们就进一步接近了事实，当然这些机制和机构从头到尾都不过是经济选择机制的一部分。除此之外，所有权力执行机构还达成了这样的共识，或者至少说是一种决定作用，即任何生产方式和制裁方式必须符合它们自己所确立的法则以及对消费者所持有的观念，总之，必须符合它们自身。”（〔德〕马克斯·霍克海默、西奥多·阿多诺：《启蒙辩证法：哲学断片》，渠敬东、曹卫东译，上海人民出版社，2020 年，第 123–124 页。）

[2] 〔德〕马克斯·霍克海默：《霍克海默集》，渠东、付德根译，上海远东出版社，2004 年，第 226 页。

[3] 〔美〕约翰·凯利：《走向自由：休闲社会学新论》，赵冉译，云南人民出版社，2000 年，第 24 页。

[4] 对于休闲体验研究现状的全面综述见陈美爱：《基于休闲学视角的市民幸福感研究——以杭州为例》，浙江大学博士学位论文，2013 年。

知[1]。同时，我们对休闲体验的理解是一种更加宽泛意义上的，不仅包括人们在休闲之中及之后的感受，也包括人们在主观上对休闲的需求。

我们认为，资本逻辑对休闲的裹挟集中体现在对人的休闲体验的裹挟上。对休闲时间、休闲活动的裹挟某种意义上还只是从外部、从表面对休闲进行控制。而休闲体验是人内心深处对休闲最为微妙的感受，它涉及人们对待休闲的态度、认识与感受。在一定程度上，我们可以说休闲体验决定了休闲的一切，或者说休闲的一切面貌都要由人的休闲体验来决定。因为对具有主观能动性的人来说，体验在很大程度上决定了人的行为。所以，对人的休闲体验的影响既是对人的休闲的裹挟的深化，又会进一步影响人们的休闲观念与休闲行为。

1. 休闲需求的虚假化

休闲需求从广义上来说包含于人的休闲体验之中。这种需求的类别、层次、强度等都是休闲体验的重要表征。

人类对休闲的需求既是一种自然的需求，又是一种社会形成的需求。休闲需求作为一种自然的需求，显然它并非指与人的食欲、性欲等并列的生物性需求，而是指休闲是符合人的本真存在的，或者说它是与人的本真存在相契合的，是人作为人的普遍需求。对于这一点，前文已有详细阐述，此处不赘。休闲需求作为社会形成的需求是指这种需求是在社会历史、政治、文化等因素的制约下形成的，它具有鲜明的历史与地域差别。马尔库塞指出："人类的需求，除生物性的需求外，其强度、满足程度乃至特征，总是受先决条件制约的。对某种事情做还是不做，是赞赏还是破坏，是拥有还是拒斥，其可能性是否会成为一种需要，都取决于这样做对现行的社会制度和利益是否可取和必要。在这个意义上，人类的需要是历史性的需要。"[2] 显然，休闲需要也是一种历史性需要，

[1] 〔美〕约翰·凯利：《走向自由：休闲社会学新论》，赵冉译，云南人民出版社，2000 年，第 25 页。
[2] 〔美〕赫伯特·马尔库塞：《单向度的人：发达工业社会意识形态研究》，刘继译，上海译文出版社，2008 年，第 5–6 页。

或者也可以说是一种社会形成的需要。所以，尽管人们休闲需求的强度与类型有所不同，但是从本质上来看人是需要休闲的；也可以说，休闲是人的本质需求。

然而，在资本逻辑的全面掌控之下，人对休闲的这种本质需求被严重扭曲了，即形成了与人们的真实休闲需求截然不同的所谓的虚假的休闲需求。真实的休闲需求是人之为人所需要的，是“最充分地利用人类现有的物质资源和智力资源，使个人和所有个人得到最充分的发展”[1]；而在资本逻辑的掌控之下所形成的虚假需求，是为了特定的社会利益而从外部强加在个人身上的。满足这种需要或许会使个人感到十分高兴，但它会妨碍（自己和旁人）认识整个社会的病态并把握医治弊病的时机。[2]虽然我们承认人的休闲需求是受社会历史条件制约的，但这种制约如果僭越了人对休闲的本真需求，僭越了休闲与人之间的本质契合的话，那么这种所谓的对休闲的需求则成为一种虚假的需求。马尔库塞甚至悲观地指出：“现行的大多数需要，诸如休息、娱乐、按广告宣传来处世和消费、爱和恨别人之所爱和所恨，都属于虚假的需要这一范畴之列。”[3]包括虚假的休闲需要在内的这些虚假需要受到诸多外力的支配，其中资本逻辑是最主要的因素。

资本增殖的实现既需要在生产领域的无限扩大再生产，又需要在流通领域将扩大再生产的产品销售出去从而实现增殖的目的。所以资本逻辑不仅要创造出更多的产品，而且还要创造出会消费掉它所生产出来的产品的需求。马克思曾指出，资本会“培养社会的人的一切属性，并且把他作为具有尽可能丰富的属性和联系的人，因而具有尽可能广泛需要的人生产出来——把他作为尽可能完整的和全面的社会产品生产出来

[1] 〔美〕赫伯特·马尔库塞：《单向度的人：发达工业社会意识形态研究》，刘继译，上海译文出版社，2008 年，第 6–7 页。
[2] 〔美〕赫伯特·马尔库塞：《单向度的人：发达工业社会意识形态研究》，刘继译，上海译文出版社，2008 年，第 6 页。
[3] 〔美〕赫伯特·马尔库塞：《单向度的人：发达工业社会意识形态研究》，刘继译，上海译文出版社，2008 年，第 6 页。

（因为要多方面享受，他就必须有享受的能力，因此他必须是具有高度文明的人）——这同样是以资本为基础的生产的一个条件”[1]。资本确实需要具有高度文明的人，在形成高度文明的人的历史进程中，资本也起着至关重要的作用。但是，我们始终不能忘记，资本的目的不是生产出高度文明的人，它不会从人对休闲的真实需要出发，而是打着满足人们休闲需求的幌子追求利润的最大化，激发人们的包括虚假的休闲需求在内的种种非本真的需求。正如马克思所指出的："工业的宦官顺从他人的最下流的念头，充当他和他的需要之间的牵线人，激起他的病态的欲望，默默盯着他的每一个弱点，然后要求对这种殷勤服务付酬金。"[2]这种被整个资本逻辑所激发起来的病态欲望使得人们的休闲需求变得粗俗化甚至野蛮化。这些虚假的休闲需求的最极端表现形态也是很容易被我们所辨识的形态，包括吸毒、赌博等，同时在资本逻辑控制下的人的虚假的休闲更多地表现为种种较为隐蔽的或者不容易被察觉的形态，诸如人们将对休闲的需求粗俗化为对灯红酒绿、豪奢淫逸的渴望，甚至更加隐蔽的形态就是将对休闲的需求直接转化为对资本所兜售的各种打着休闲旗号的物件的需求。

2. 休闲体验的过度娱乐化

娱乐、消遣本身没有问题，人们对娱乐、消遣的追求也有着合理性。但是，在资本逻辑的裹挟之下，我们对休闲体验的追求有过度娱乐化的倾向。亚里士多德早在两千多年前就已经十分明确地指出，"幸福不在于消遣"，"把消遣说成是严肃工作的目的是愚蠢的、幼稚的"。[3]亚里士多德还指出，游戏和娱乐作为消除人们疲劳的一种药剂应当按规定在适当的季节和时间来举行[4]。但是，在资本对利润的无止境追求中，

[1] 〔德〕马克思、恩格斯：《马克思恩格斯全集》（第四十六卷·上册），中共中央马克思恩格斯列宁斯大林著作编译局译，人民出版社，1979年，第392页。

[2] 〔德〕马克思：《1844年经济学哲学手稿》，中共中央马克思恩格斯列宁斯大林著作编译局译，人民出版社，2000年，第121页。

[3] 〔古希腊〕亚里士多德：《尼各马可伦理学》，廖申白译注，商务印书馆，2003年，第304页。

[4] 〔古希腊〕亚里士多德：《政治学》，吴寿彭译，商务印书馆，1965年，第416页。

娱乐已经被利用到极致："娱乐变身成了一种理想，取代了更高级的东西，它通过一种比广告商贴出来的标语还要僵化的模式，彻底剥夺了大众，剥夺了这些更高级的东西……文化工业把娱乐变成了人人皆知的谎言，变成了宗教畅销书、心理电影以及妇女系列片都可以接受的胡言乱语。"[1] 这就是所谓的"娱乐至死"。波兹曼很好地诠释了娱乐与"娱乐至死"的区别所在："电视具有娱乐性这个事实太苍白了，绝对不会对文化造成任何威胁……但我这里想要说的不是电视的娱乐性，而是电视把娱乐本身变成了表现一切经历的形式……我们的问题不在于电视为我们展示具有娱乐性的内容，而在于所有的内容都以娱乐的方式表现出来，这就完全是另一回事了。"[2]

娱乐至死不仅成了一种普遍的表现方式，而这种外在的表现形式内化到人的休闲体验之中，就是人们对快乐的崇拜。资本逻辑所主导下的文化工业也处处许诺给人们快乐，实际也似乎到处在给人们制造着笑料。但是，快乐并非休闲体验的唯一要素，更不是最高的休闲体验，本真的休闲体验应该是一种物我合一、身心协调的体验，应是一种自由创造的充实感，而且本真的休闲体验并不排斥焦虑、紧张、不安等感受。但是资本逻辑主导的文化工业却将一切都以娱乐的形式来表达，但实际上，它所许诺的快乐也是一种幻象。因为人毕竟是人，尽管资本逻辑的设计可能会让人发笑，但是这种笑、这种快乐逐渐让人变得厌烦，"因为人们不需要做出任何努力，就可以快乐下去，他们只要按照老掉牙的程序严格操作下去就行了"[3]。由于这种快乐剥夺了人们思考的空间，也并没有给人们带来人之为人的尊严感，所以这种快乐并非休闲应有的体验。而笑更不能代表它给人带来了休闲体验所应有的幸福感。这种笑只不过

[1] 〔德〕马克斯·霍克海默、西奥多·阿多诺：《启蒙辩证法：哲学断片》，渠敬东、曹卫东译，上海人民出版社，2020 年，第 146–147 页。

[2] 〔美〕尼尔·波兹曼：《娱乐至死·童年的消逝》，章艳、吴燕莛译，广西师范大学出版社，2009 年，第 76 页。

[3] 〔德〕马克斯·霍克海默、西奥多·阿多诺：《启蒙辩证法：哲学断片》，渠敬东、曹卫东译，上海人民出版社，2020 年，第 140 页。

是文化工业加在幸福之上的欺骗工具，它只能让我们在笑过后感到无尽的空虚与荒谬，“幸福的时刻是不会有笑声的”[1]。

3. 休闲体验的媒介化

在信息化时代，资本逻辑对休闲体验的裹挟主要是通过大众传播媒介实现的。媒介不仅扭曲着人们的休闲需求，使人们的休闲体验娱乐化，同时媒介也使得人们的整个休闲体验过度媒介化。可以说，媒介化生存是现代人的命运。大众传媒使现代人的生活丰富、便捷、高效，但由于其背后资本逻辑的力量，它又全面裹挟着现代人。我们对自然的认识、对我们自己的衣食住行的考虑，再也不用像前媒介化时代那样需要我们自己去探索，通过大众媒介我们很容易就可以获得丰富、翔实的信息；我们对社会、对他人也不再是通过切身地与人们相处来了解，而是通过媒体上的访谈、专题报道甚至碎片式的新闻等来认识；我们对幸福生活、美好人生的认识与感悟也多来自各种媒体，包括诸如微博、微信等社交平台。媒介越来越发达，交流越来越方便，但是我们与自然、与他人、与自己似乎都越来越疏远了，久而久之，我们失去了对自然、对社会以及对自己的切身体悟，离开媒介，我们似乎什么都不是、什么都不知、什么都不会去想，媒介代替我们去观察、去认识、去思考。有学者指出，媒体时代，个体经验无足轻重，电视才是通达城市的管道，电视操纵了我们与外界相遇的方式，媒体的技术参数取代了身体感官。[2]各种各样的媒介虽然表面上能让我们“全方位”“立体化”“第一时间”掌握发生在世界各个角落的重大事件，似乎确实成了我们“肢体的延伸”，但是，这种延伸的肢体却只能说是“假肢”，它永远给不了我们自己的肢体对这个世界以及对我们自己的感知。更有甚者，这种“假肢”还反客为主形成了对我们人类想象空间的整体殖民，它已经可耻地充当起了狭隘和

[1] 〔德〕马克斯·霍克海默、西奥多·阿多诺：《启蒙辩证法：哲学断片》，渠敬东、曹卫东译，上海人民出版社，2020 年，第 143 页。

[2] 王炎：《电视化的城市灾难》，《读书》2013 年第 10 期，第 120–127 页。

自我的贩卖机，当我们的视线从无限美好与广袤的宇宙集中到几版或者几英寸至几十英寸的屏幕的时候，人们变成了羊，而媒介则成了头羊。[1]

在这样一个延伸的假肢僭越了我们自己的肢体、媒介成为头羊的时代，我们的休闲体验也完全被媒介所殖民。我们对于休闲中的美好、创造的欢愉，对于休闲所能带给我们的自我充实、自我实现与发展的体验，似乎都要靠媒介来确认，只有在某种媒介确认了某种休闲是能给我们优雅、自由等感觉时，我们才认为我们也获得了这种体验。现代人对于社交平台的沉迷使得媒介的殖民更为凸显。我们在休闲中的体验已经不再是自足的，我们需要通过这些社交平台的传播，并得到受众的认可，似乎只有在这时我们才能体验到休闲带给我们的满足感。弗罗姆曾指出：“一个拿着相机的‘旅行者’……不断地拍照，他常常什么也没看见，除了取景器中的印象。照相机代替他观光，他的‘愉快’的旅行收获是一大堆照片，这些代替了他自己应该感受而没有感受到的体验。”[2]在媒介化生存的时代，我们还可以继续往下说：旅行的愉快不仅仅依赖于一大堆照片，我们现在更依赖于将这些照片发布到各种社交平台，似乎只有在他人的艳羡与夸奖中我们才体会到旅行的乐趣。在这整个过程中，旅行以及旅行中切实的观察与体验反而成了最无足轻重的了。无疑，摄影丰富了我们的旅行生活，但这是基于我们对旅行的丰富的感受之上的，而不是相反；分享本身也是休闲体验的一个重要组成部分，但是我们似乎很多时候不是真诚地在与他人分享，而是在期盼他人给予羡慕的眼光与话语，似乎这才是我们需要的体验。不仅是休闲体验，甚至可以说休闲本身，在媒介化时代已经不是自足的了，它需要媒介的引导、需要媒介的传播、需要获得从媒介中反馈的信息，一句话，休闲已完全被媒介所殖民。

[1] 姜飞：《鲸的死亡：假肢社会的审美批判》，《思想战线》2006 年第 3 期，第 66–70 页。

[2] 〔美〕埃里希·弗罗姆：《健全的社会》，蒋重跃等译，国际文化出版公司，2003 年，第 119 页。

4. 休闲体验的资本化

休闲体验的资本化是资本逻辑裹挟休闲体验的最鲜明体现。

在资本逻辑的裹挟之下，我们对几乎一切人和事物的观察都戴上了资本的滤镜。人们参加任何一项活动几乎都会问是否“值得”，无论是参加一次旅行、听一场音乐会还是一场朋友的聚会等，人们往往都会用金钱来衡量值不值得，而且参加诸如此类的休闲活动本身带给人的满足也是要用金钱来表示的，似乎一次更加奢华的旅行就是更美好的，在更高档的酒店举办的聚会就是更好的聚会，参加所谓的贵族运动似乎就能获得更好的休闲体验等，休闲体验已不再是个人最本己的感受，而是像其他任何商品一样被贴上价格标签的商品。

休闲体验的资本化发展到极致就是人将自己的整个生命活动都视作投资回报活动。我们将自己的整个生命，我们的体力、智力当作投资的资本，将我们所参与的活动当作投资活动。正如弗罗姆所指出的：“甚至卫生和健康也不得不服从于这同一目的；一个人每天早晨散步是把它看作一笔健康投资，而不是一个令人愉快的活动，根本用不着找什么理由。”[1] 这种按照投资回报的资本逻辑方式度过我们的一生或许会使我们取得世俗的、物质的甚至是精神上的巨大成功，对于我们有死的（mortal）人来说，在一定程度上也是有必要的。但是，如果一味地这样来度过我们的人生，生命自身的精神维度、超越维度、自由维度都将不复存在，休闲也将大打折扣。

（四）资本逻辑对休闲资源的裹挟

毋庸置疑，在资本逻辑的运作之下，我们现代人可利用的休闲资源在表面上是十分丰富的，尤其是各种各样的文化资源，在逐利动机的驱使下，各种文化娱乐设施与项目被开发出来，这在很大程度上丰富了我们休闲活动的选择范围，也带来了一些新奇的休闲体验。

但是，资本逻辑提供给我们的文化资源并非最符合人的全面自由发

---

[1] 〔美〕埃里希·弗罗姆：《健全的社会》，蒋重跃等译，国际文化出版公司，2003 年，第 129 页。

展需要的文化资源，诸如优秀的文学作品、影视作品等，文化工业打着消费者至上的旗号，但实际上它为我们提供的并不是我们作为人真正需要的东西，而是它从其自身的逻辑出发想要提供给我们的东西，也就是能让资本得到最快周转、利润得到最大化的东西。所以我们的电影、电视以及网络中，为我们提供的往往都是些短平快的肥皂剧甚至无厘头的东西，而真正具有文化涵养的东西却很难看到。

同样，对于休闲所需的自然资源，虽然我们也承认在资本的介入下，某些自然资源得到了保护，以更好的姿态呈现在我们的面前。但是，我们更多看到的是在资本的大肆扩张之下，在巨大的利益面前，那些充满着浪漫情调、那些能让人安然栖息的自然环境显得不堪一击，我们曾经熟悉的美丽的自然风景现在都变成了工业区、商业区。即使最好的情况，即那些自然环境被作为旅游资源进行保护与开发，但这仍然逃不脱资本逻辑的圈套，这里面的问题主要包括对自然资源的过度开发利用，使其丧失了原有的自然韵味，或者将原先人人可以平等接触到的自然资源变成只容少数人进入、只为少数人服务的场所，剥夺了多数人享受大自然馈赠的权利。

正如布赖特比尔所忧心的，“公园的地盘让位给了高速公路、学校、消防站、军械库、邮局和停车场”，“户外休闲资源的保护面临着危机；这危机虽悄无声息，却已迫在眉睫”。[1]

其实我们在这里使用“休闲资源”这个词在一定意义上也是受到资本逻辑的影响。因为资源就是一种被人利用、用来获利的东西。但实际上，休闲与外在的环境无论是文化环境还是自然环境的关系其实都不是这种用来获得物质利益的关系，并且只有当我们破除了这种主客对立、利用与被利用的对立，使自己融入环境中，我们才能获得本真的休闲体验。

---

[1] 〔美〕查尔斯·K. 布赖特比尔：《休闲教育的当代价值》，陈发兵、刘耳、蒋书婉译，中国经济出版社，2009 年，第 17–18 页。

第三节 现代性条件下人的自我迷失

现代化进程在一定意义上是人的发现的过程。文艺复兴、宗教改革、启蒙运动等，无不高扬人的个性、人的自由、人的尊严、人的理性，康德的“人为自然界立法”“人为道德立法”是现代人的主体性地位的纲领。

现代性一方面打破了神话，确立了人的主体性存在，但是“启蒙辩证法”无情地告诉我们：“如同神话已经实现了启蒙一样，启蒙也一步步深深地卷入神话。”[1] 现代性尤其是启蒙现代性通过工具理性消灭了巫术，但同时“把每一件事都解释为再现”，“再现便会以规律的名义更为残酷无情地把人们禁锢在一个怪圈中，它所设想的自然规律的客观过程赋予它自身一种自由主体的特征”。[2] 另一方面资本逻辑在社会的现代化过程中逐渐取得了决定性的地位，使得资本“已不再是奴仆，而成为主人”[3]。资本这没有生命的、代表过去的东西反过来支配了拥有生命、机能与创造性生产力的人。[4] 正是在工具理性与资本逻辑的双重作用下，现代性逐渐从高扬人的发现演变为压抑人的主体性，此为现代性悖论之一。

悖论之二，个体及其自由是现代性的产物，但个体在现代性的发展之中却日益孤立无援。虽然作为生物个体的人与人类同时产生，但是在前现代时期，我们今天熟知的个体观念对前现代的文化是陌生的，现代人熟悉的个体并不存在于传统文化之中[5]，至少个体没有成为前现代文化关注的焦点，对个体性的强调也不存在于前现代社会中。所以，前现

---

[1] 〔德〕马克斯·霍克海默、西奥多·阿多诺：《启蒙辩证法：哲学断片》，渠敬东、曹卫东译，上海人民出版社，2020 年，第 9 页。

[2] 〔德〕马克斯·霍克海默、西奥多·阿多诺：《启蒙辩证法：哲学断片》，渠敬东、曹卫东译，上海人民出版社，2020 年，第 9 页。

[3] 〔英〕R·H·托尼：《宗教与资本主义的兴起》，赵月瑟、夏镇平译，上海译文出版社，2006 年，第 52 页。

[4] 〔美〕埃里希·弗罗姆：《健全的社会》，蒋重跃等译，国际文化出版公司，2003 年，第 81–82 页。

[5] 〔英〕安东尼·吉登斯：《现代性与自我认同：现代晚期的自我与社会》，赵旭东、方文译，生活·读书·新知三联书店，1998 年，第 85 页。

代时期的社会，也被有的学者称为前个人状态的社会[1]。传统社会中的个人总是系于家庭、宗教、宗族等传统纽带之中。现代的历史可以说是个人逐渐出现的历史，也可以说是个人主义逐渐兴盛的历史，尽管个人主义的含义纷繁复杂且缺乏精确性，但是强调个人尊严、个人自主、个人力量、个人隐私、自我发展等是它的基本内容。[2]在西方社会，个人的成长史从中世纪结束以后就开始了，个人从封建的、宗教的、文化的束缚之中逐渐解放出来，在心智与情感方面逐渐取得自由这个过程历经了几百年的时间，个人主义的兴盛被看作现代性的伟大成就之一，甚至被冠以现代文明的最高成就[3]。随着个人逐渐获得更多的自由、自主、尊严，人作为人从来没有像今天这样充满力量，从来没有像今天这样无所不能，大到宇宙探险、海底开发，小到分子合成人造器官等，曾经多少神话在现代都成为现实。但是个人在现代社会中又逐渐感到孤独无援，越来越觉得个人微不足道、无能为力。出现这一悖谬是因为，一方面，由于现代社会系统的复杂性，在整个人类的力量（主要是指物质力量）无限增大的同时，个人面对的是巨大而复杂的体系，似乎少了任何人世界都会照样运转，丝毫不会受到影响。而不是像前现代时期，虽然整个人类的力量有限，但由于系统相对简单，所以在这样的系统中个体的力量更容易得到体现，个体更容易具有力量感与存在感。因为现代社会系统出于对自身运行安全与效率的要求，其必然要求构件的标准化，而这个构件同样也包括人，即现代社会自身的逻辑已经造就出了它所需要的所有标准化的构件，少了任何一个构件，都可以很轻易地找到完全一样的替代品。另一方面，正如弗罗姆所指出的："近四百年来，人为自己做了许多，都在为自己的目的而努力。但是，如果我们这里所说的'他'不是指'工人''生产者'，而是指有感情、智力及感性潜能的具体的

[1] 〔美〕埃里希·弗罗姆：《逃避自由》，刘林海译，国际文化出版公司，2000 年，第 5 页。
[2] 〔英〕史蒂文·卢克斯：《个人主义》，阎克文译，江苏人民出版社，2001 年，第 41–67 页。
[3] 〔加〕查尔斯·泰勒：《现代性之隐忧》，程炼译，中央编译出版社，2001 年，第 2 页。

人，那么许多看似是他的目的的东西，其实并不是他的。资本主义除肯定个人外，还导致了自我否定和禁欲主义。”[1]

因此，正是在这个科学昌明、技术发达、信息爆炸、个人主义兴盛的时代，人自身的困惑与迷失也是前所未有的。人既不能用一种自然的眼光来看待这个世界（这个世界就是满足我们人的欲望的工具与手段，是为了实现人的物质利益的工具，他人也是我们实现目的的手段，人与人之间就是一种交易的关系），也不能用一种本真的目光来看待自己，自己的人生也完全被当作一种投资来看待，我们现代人所言的人生的失败与成功基本上就等同于一个商业项目的成功与失败，是资本的投入与产出关系，人生本来的那些追求、梦想、价值等都成了“浮云”。同时，在人类力量空前提高、人的自由度不断提高的社会，个体却越来越感到焦虑、孤独和无能为力。

对于现代人的自我迷失，诸多现代性的批评者都有过论述。弗罗姆主要从社会心理机制或者说“社会性格”的角度来论述现代人逃避自由的原因。个体自由的获得、个体束缚的摆脱也意味着个体安全感的丧失，所以人会逃避那来之不易的自由，或者更准确地说是消极自由，而这种对自由的逃避就是对个人自我的逃避。人对自由或自我的逃避有三种机制，即权威主义、破坏欲以及机械趋同。海德格尔从存在论的意义上分析了现代人的非本真的存在即沉沦于常人之中。泰勒从社群主义出发，分析了现代性的三大隐忧之一就是个人主义的隐忧。雅斯贝尔斯也指出，现代人的典型生存特点除技术统治之外就是群众统治。综合这些思想资源，我们想从两个方面来谈论现代人的自我迷失，或者说迷失于两个方面，一个是迷失于狭隘的自我之中，一个是迷失于“群众”或“常人”之中。

[1] 〔美〕埃里希·弗罗姆：《逃避自由》，刘林海译，国际文化出版公司，2000 年，第 77 页。

一、迷失于狭隘的自我之中

（一）空洞的自我

现代人似乎时时处处都在高扬自我、高扬个性，似乎谁要是没有点个性都不配做一个现代人。现代性的发展将曾经束缚个人的道德、传统、宗教等打破之后，确实为个性的发展创造了前所未有的宽松环境。但是，所有这些束缚在限制我们的同时，也为我们提供了将个人与世界联系起来的纽带。正如社群主义理论令人信服地指出，人的自我认同、人的价值认同等都是基于一种背景、一种"视野"，失去了这些背景与"视野"，我们所谓的个人的自我与个性，所谓的价值标榜就成了一种任意，从而也就缺少了可被理解的意义。正如泰勒所举的例子，人不能仅仅因自己恰好有 3732 根头发或者自己的身高恰好与西伯利亚平原上的某棵树一样来定义自己的个性，如果 3732 这个数字或者这棵树本身并不能归属于一个更大的意义背景。我们也不能通过自我决定的方式来说明将自己的脚放在泥浆中进行搅动是一个有价值的行为，因为"事物具有重要性是针对一个可理解的背景而言的"[1]。这种自我与自我价值的认同正是被社群主义极力批判的所谓的"原子式"个人主义。这或许正是现代性解放功能的负面效应。弗罗姆曾言："现代人的自我是社会的自我，它基本上是由个人在社会中所扮演的角色组成的，实际上只是人的客观社会功能的主观伪装。"[2] 也就是说，现代人的自我只是外在社会角色的承担者，如公司职员、政府官僚等，这种意义上的个人与社会的关系是外在的，并不像前现代社会中处在上帝怀抱或者完全内化于传统道德体系中的个人，前现代个人拥有内在的充实，拥有与世界和社会一体的体验，现代社会中的人从内心深处来说是空虚和孤立的，原子式的。所以弗罗姆才沮丧地指出，现代人虽然拥有了信仰自由，但却丧失了信仰的

---

[1] 〔加〕查尔斯·泰勒：《现代性之隐忧》，程炼译，中央编译出版社，2001 年，第 42 页。

[2] 〔美〕埃里希·弗罗姆：《逃避自由》，刘林海译，国际文化出版公司，2000 年，第 81 页。

内在能力：虽然拥有了言论自由，但却并没有独立思考与表达的能力。[1]

（二）对外在世界的漠视

原子式的个人主义一方面是自我认同与价值认同的原子化，另一方面是对自我之外的世界与社会的漠视，陷入了肤浅琐碎的“自恋主义”。现代人由于感觉到自己在巨大的社会体系中个人的无能为力，所以变得对除自我之外的更大的问题与事务，不管是宗教的，还是政治的、历史的问题漠不关心。[2]这种不关心倒并不是对外界不闻不问，毋宁说在现代传媒高度发达的社会里，人们似乎时刻都在关注着世界上发生的大大小小的“新闻”事件，政治的、体育的、经济的、文化的等，似乎现代的人们对自身之外的事情比任何时候都更加关心了。但是，我们认为，现代人对这些事件只是作为“新闻”来关心，或者只是作为一种谈资，甚至只是为了证明自己并不“out”。人们的心灵只是外界光影变幻的镜子，它并不反映事物的本质，也不反映事物本身，它所反映的只是周围的影像。[3]这种对影像的反映处在柏拉图线喻的最低层次。

对外界事物的漠不关心导致了一种浅薄的“自我实现”观，现代社会中人们已经看不到英雄[4]，“人们不再有更高的目标感，不再感觉到有某种值得以死相趋的东西”[5]。人们的生活变得平庸和狭隘，在一定程度上，我们今天只能看到尼采所谓的“末人”，只追求“渺小和粗鄙的快乐”与“可怜的舒适”。

（三）将占有物等同于自我

内在的空虚同时又缺乏外在的“值得以死相趋”的崇高目标，但人之为人总还是需要存在感，需要成就感，需要力量感，总之需要有能够支撑起每个人都已明确感觉到只是不愿意承认的“摇摇欲坠的自我”，

---

[1] 〔美〕埃里希·弗罗姆：《逃避自由》，刘林海译，国际文化出版公司，2000年，第74页。
[2] 〔加〕查尔斯·泰勒：《现代性之隐忧》，程炼译，中央编译出版社，2001年，第17页。
[3] 〔美〕艾伦·布卢姆：《美国精神的封闭》，战旭英译，译林出版社，2007年，第16页。
[4] 〔德〕卡尔·雅斯贝斯：《时代的精神状况》，王德峰译，上海译文出版社，2013年，第191页。
[5] 〔加〕查尔斯·泰勒：《现代性之隐忧》，程炼译，中央编译出版社，2001年，第4页。

所以，人们就将几乎所有的精力用来尽可能多地占有财产、声望、权力、知识等，以这些东西来支撑自我，将自己所占有的与消费的东西等同于自己的生存。某种意义上，越是内在空虚的人，越是需要占有外在的东西来获得自我感，而占有与消费的东西越多，个人就会变得越是空虚，正如马克思所言，“你的生存越微不足道，你表现你的生命越少，那你占有的也就越多，你的生命异化的程度也就越大”[1]。某种意义上，我们可以说，现代人就是被充满的稻草人。

二、迷失于“群众”或“常人”之中

个人自我迷失显性的表现是迷失于狭隘的自我之中，或者退居于“自恋主义”之中，与这种自我迷失相比更隐蔽的是迷失于“无其人”的“常人”或“群众”之中。

在《逃避自由》中，弗罗姆将现代人逃避自由的机制概括为三种，即权威主义、破坏欲和机械趋同。其实我们完全可以认为现代人对自由的逃避就是对自我的逃避，而弗罗姆所分析的三种逃避自由的机制其实就是个人逃避自我的机制，其中权威主义和机械趋同都是指个人逃向群众之中或者逃向“常人”之中，也可以说是个人迷失于“群众”或“常人”之中。权威主义实际上就是个人自我放弃独立的倾向，使自我与自身之外的某人或某物合为一体，这种机制更明确的形式就是受虐—施虐冲动。受虐冲动的目的只有一个，即除掉自我，失去自我，除掉自由的负担；施虐表面上与受虐冲动呈现完全相反的倾向，其内在是交织在一起的，在本质上，它也是为了使个人摆脱孤立与软弱的自我。个人的自我的完整性在这两种情况下都完全丧失。[2] 机械趋同被认为是现代社会中大多数人所采取的方式，也是最具有社会文化意义的一种逃避机制。[3]

---

[1] 〔美〕埃里希·弗罗姆：《占有还是生存：一个新社会的精神基础》，关山译，生活·读书·新知三联书店，1989 年，第 165 页。

[2] 〔美〕埃里希·弗罗姆：《逃避自由》，刘林海译，国际文化出版公司，2000 年，第 97–108 页。

[3] 〔美〕埃里希·弗罗姆：《逃避自由》，刘林海译，国际文化出版公司，2000 年，第 125 页。

通过这种机械趋同，个人不再是他自己，而是按照文化模式提供的人格把自己完全塑造成那类人，他变得同其他所有人都一样。这种趋同不仅表现在表面上的衣食住行的趋同，通过一个具体的心理学催眠试验，弗罗姆向我们表明，甚至我们主观上的思想、情感、愿望以及感觉，这些一直被认为是最本己的东西，也是现代人一向标榜是自己的东西，实际上都完全可能是外界灌输给我们的，是外在的，根本不是我们自己的。[1]这在一定程度上可以说，我们的自我迷失已经到了一种潜移默化的程度或者说已经深入我们的潜意识了，我们所说的“要与众不同”实际上正是受趋同机制强有力控制的表现。即使是对一些需要深思熟虑的问题的观点，如政治观点、审美观点等，也都已经具有明显的趋同倾向。[2]这种意义上的自我就是“伪自我”，它打着自我的旗号，实际上代表的却是被他人期盼扮演的角色，尽管如此，人们却依然认为这扮演的角色就是自己，实际上大多数人真正本源的自我都完全被“伪自我”取而代之了。[3]

对于人的自我迷失，海德格尔从生存论的层次所进行的分析更是入木三分。海德格尔认为，此在的“本质”（生存论意义上的本质）在于它的生存，即“去存在”，此在生存的结构是“在世存在”，但是在此在的日常生存之中，尽管也是一种生存，但却是本真的自己存在，采取了“庸庸碌碌”“平均状态”“平整作用”等存在方式。这些存在方式尽管也并非“漂浮在许多主体上面”的“一般主体”，也不是诸多不同个体中抽象出来的类，它也是一种“去存在”的方式，但这种“去存在”所操心的不是个人本己的在世，而是平均状态的在世，或者说所操心的是中性的“常人”，每个人本身就是这既不是人本身，也不是一些人或一切人的总和的“常人”中的一个。而个人却习惯于称“常人”为他人

[1] 〔美〕埃里希·弗罗姆：《逃避自由》，刘林海译，国际文化出版公司，2000年，第125–132页。
[2] 〔美〕埃里希·弗罗姆：《逃避自由》，刘林海译，国际文化出版公司，2000年，第130页。
[3] 〔美〕埃里希·弗罗姆：《逃避自由》，刘林海译，国际文化出版公司，2000年，第138页。

以此来掩盖他自己属于“常人”之列的事实。正是在这种淹没于“常人”的存在方式中，本己的存在完全被消解掉：

> 常人怎样享乐，我们就怎样享乐；常人对文学艺术怎样阅读怎样判断，我们就怎样阅读怎样判断；竟至常人怎样从“大众”抽身，我们也就怎样抽身；常人对什么东西愤怒，我们就对什么东西“愤怒”。[1]

如果说工具理性对人性的贬抑以及资本逻辑对休闲的全面裹挟是休闲异化的外因的话，那么这种只能通过内因，即通过它们所导致的人本身的自我迷失来实现，或者可以说现代性条件下的休闲异化，其最内在的根源是人在现代性条件下的自我迷失。前两者作为外因对休闲的影响是重大的，而作为内因的人的自我迷失对休闲来说则是根本性的。没有人了，还谈何休闲，关键是这种没有人不是外界对人的否认与无视，而是人自己都已经认不出自己了，人自己都不想做自己了，休闲的“成为人”又从何谈起。为对抗外界对休闲的负面影响，我们寄希望于人自己能对抗这种影响，但现在人自己不知道或者不愿意做自己了，休闲怎能不异化呢？人都在逃避自己，逃避自己的责任，逃避自己的本真性的存在，在这种情况下，人根本就是“非人”，这种人所从事的休闲只能是非本真的。

---

[1] 〔德〕马丁·海德格尔：《存在与时间》，陈嘉映、王庆节译，读书·生活·新知三联书店，2006年，第147页。

04

休闲异化的现代性救赎

上一章的分析中我们已经得出现代性自身的发展是休闲异化的根源所在的结论。但是，正如现代性在其发展过程中催生了现代休闲一样，现代性在其发展中，同样也为克服休闲异化提供了资源。因为现代性从来就不是一维的，不是单面的，而是多维的，充满内在矛盾的。正如上一章所总结的，我们认为是现代性导致了休闲的异化，这里主要是指现代的工具理性、资本逻辑以及由二者所导致的个人的自我迷失。但是作为现代性张力结构的另一个方面即审美现代性——启蒙现代性的“他者”——则蕴含着克服休闲异化的宝贵资源。尽管我们将要探讨的这些理论并没有直接关切休闲异化的论题，但是，一方面，从根本上说，休闲异化的根源在于启蒙现代性，而审美现代性又从一开始就对启蒙理性具有反思与批判的作用；另一方面，这些理论都或多或少关注人的异化的克服的问题，而休闲异化是现代性条件下人的异化的深化与突出表现。所以，尽管这些理论没有直接涉及休闲异化，或者并非以此为主，但这丝毫不影响其作为克服休闲异化的资源。

第一节　“审美的人才是完整的人”

康德与席勒都是启蒙时代的思想家、古典美学的巨擘。康德深受启蒙思想的影响，同时他又对启蒙运动进行了深刻的理论反思。[1] 我们在康德的思想中同样也能读到对现代性的批判，包括反对理性的超验应用、抵制道德领域的功利主义、反对低俗的艺术观、反对盲目的历史乐观主义等。[2] 从本书的目的来说，我们更关注在康德批判哲学中的美学思想，关注其审美的本性与意义的分析对于克服休闲异化的启发。

席勒的美学思想受到康德的批判体系尤其是康德美学思想的深刻影

[1]　李秋零：《康德与启蒙运动》，《中国人民大学学报》2010 年第 6 期，第 65–70 页。

[2]　王平：《康德现代性批判的四重维度及其当代价值》，《同济大学学报》（社会科学版）2012 年第 5 期，第 18–24 页。

响。但是，与康德的现代性批判的隐晦性不同，具有诗人气质的席勒，对现代性的发展与资本主义文明给人带来的“异化”和“碎片化”更加敏感，他的现代性批判态度也更加鲜明，同时对通过审美来弥合碎裂的人性、拯救现代人进行了系统的阐述，希望以此建立人性得以完满实现的“自由王国”，这些思想对于克服现代性条件下的休闲异化都具有直接的启发意义。

一、康德美学思想的启发

康德的美学思想[1]主要是在其“判断力批判”中展开的。就其中对于克服现代性条件的休闲异化的积极启发而言，主要包括两个方面：一是他对于审美中人的“自由感”的强调，以及这种自由感是使人从自然的必然向道德的自由过渡的“中介”；二是他对于审美对人的内心扩展以及对人的主体性的敬重的论述。

（一）审美作为自由与必然的统一

在康德的体系中，审美判断力与目的论判断力一起属于与认识论中的“规定性判断力”不同的“反思性判断力”，与前一种判断力不同，“反思性判断力”只与对象形式对主体认识能力的适应性相关，它不是从普遍的原则出发来对具体的事物进行判断，而是从特殊出发在主体中寻求一般，因而鉴赏判断被康德称为人的“诸认识能力的自由游戏”。对于审美这种自由的性质，康德在分析美的四个契机时从多方面进行了论述。

首先，这是无利害的自由。康德比较了三种不同的愉悦，其中，“快适和善二者都具有对欲求能力的关系，并且在这方面，前者带有以病理学上的东西（通过刺激，stimulus）为条件的愉悦，后者带有纯粹实践性的愉悦，这不只是通过对象的表象，而且是通过主体和对象的实存之

[1] 康德的批判思想广博而深邃。单从克服休闲异化这个角度来看，康德第一个系统地提出要限制理性的运用，尽管他是从认识论的角度来谈限制一般的人类理性的运用，但这一点无疑对于克服现代性条件下的理性神话具有重要意义，这是从消极方面来看的康德思想对于克服休闲异化的启发。由于这一点并非直接从审美现代性的角度来谈批判现代性，所以这里不做详述。

间被设想的联结来确定”，二者“并没有留给我们使哪怕任何东西对我们成为一个愉快的对象的自由”，而由于鉴赏判断“只是静观的，也就是这样一种判断，它对于一个对象的存有是不关心”，其中不包含任何利害，既没有感官的利害也没有理性的利害对赞许施以强迫。所以，在这三种愉悦中，只有对美的鉴赏的愉悦才是无利害的和自由的愉悦。[1]

其次，这是无概念的自由。鉴赏判断虽然要求普遍性，但是这种普遍性与“善”通过一个概念而被表现为某种普遍的愉悦不同[2]，它所要求的普遍性只表现为一个主观的普遍性，是一种内心状态的普遍可传达性。由于这种主观的普遍可传达性“应当不以某个确定的概念为前提而发生，所以它无非是想象力和知性的自由游戏中的内心状态”[3]。

再次，这是无目的的合目的性的自由。“鉴赏判断只以一个对象（或其表象方式）的合目的性形式为根据。”[4]在审美的第一个契机中，已经阐述了鉴赏判断是无利害的判断，所以，没有任何主观目的，也没有任何善的概念，可以作为鉴赏判断的根据。因而“构成鉴赏判断的规定根据的，没有任何别的东西，而只有对象表象的不带任何目的（不管主观目的还是客观目的）的主观合目的性，因而只有在对象借以被给予我们的那个表象中的合目的性的单纯形式，如果我们意识到这种形式的话”[5]。这种合目的性包含有一般认识能力方面的、但不被局限于一个确定的知识上的某种内在原因性，这种原因仅仅是流连于对美的观赏，因而这种无目的的形式合目的性是一种自由的合目的性。

最后，共通感是自由的。尽管审美判断不是建立在概念上，而只是建立在我们愉快或不愉快的情感上，我们却要求每个人赞同。但是对这种普遍赞同的要求又不是基于某一确定的客观原则，而只能是通过情感

[1] 〔德〕康德：《判断力批判》，邓晓芒译，人民出版社，2002 年，第 44–45 页。
[2] 〔德〕康德：《判断力批判》，邓晓芒译，人民出版社，2002 年，第 48 页。
[3] 〔德〕康德：《判断力批判》，邓晓芒译，人民出版社，2002 年，第 53 页。
[4] 〔德〕康德：《判断力批判》，邓晓芒译，人民出版社，2002 年，第 56 页
[5] 〔德〕康德：《判断力批判》，邓晓芒译，人民出版社，2002 年，第 56–57 页。

来确定的一条主观原则，即共通感。这种共通感“我们不是把它理解为外部感觉，而是理解为处在我们认识能力的自由游戏的结果”[1]。

由此，我们可以看出，“这四个契机都是基于一个共同的基础，即通过审美愉快而发现自己是自由的，并由此指向人类本性中某种共同的、普遍性的东西”[2]。

不过，这里的自由，“既不等于思辨理性中的‘先验自由’，也不等于实践理性中的‘实践的自由’，而是表现为人的情感之中的‘经验性的’自由，即仅仅是一种自由感”[3]。正如康德自己所指出的，“自然的合目的性这一先验概念既不是一个自然概念，也不是一个自由概念”[4]。但是，恰是这种“无目的的合目的性”和“无规律的合规律性”的审美，这种想象力与知性的自由游戏所体现的普遍可传达的愉快，直观地体现了自由（自由感）和必然（合规律性、主观普遍性）的直接统一，在类比的意义上沟通了自由和自然概念。[5]“通过审美人们可以把科学的能力和道德素质联系起来”，“就在你情不自禁地审美欣赏过程中，你就意识到自己是一个道德的人，意识到你是自由的；而感性的现实世界在审美和目的论中也向你显示出趋向于人的自由和道德的现实可能性”。[6]我们也可以说正是通过审美，“头顶的星空”和“心中的道德律”有了联结的现实可能性。正如邓晓芒先生所概括的那样：

> 审美判断力一方面使人类认识能力的运用摆脱纯粹的现象性而集中到对人的超验自由的感性启示，另一方面使人类超验的道德本体在人的感性体验中找到象征；一方面使人在人与人的相互制约的普遍必然关系（情感关系）中感到自己仍然是自由的，并正因为如

[1] 〔德〕康德：《判断力批判》，邓晓芒译，人民出版社，2002年，第74页。
[2] 邓晓芒：《康德哲学诸问题》，生活·读书·新知三联书店，2006年，第143页。
[3] 邓晓芒：《康德哲学诸问题》，生活·读书·新知三联书店，2006年，第143页。
[4] 〔德〕康德：《判断力批判》，邓晓芒译，人民出版社，2002年，第19页。
[5] 邓晓芒：《康德〈判断力批判〉释义》，生活·读书·新知三联书店，2008年，第231页。
[6] 邓晓芒：《康德〈判断力批判〉释义》，生活·读书·新知三联书店，2008年，第36–37页。

此才是自由的，另一方面又通过自由自发的创造性的想象力去实现普遍必然的人与人的联结。[1]

自由创造性是本真休闲的本质特征所在，而审美以其特有的方式将必然与自由在人的感性之中统一起来，这无疑对于克服休闲异化、追求本真休闲具有启发意义。因为工具理性与资本逻辑主导下的异化的休闲所能提供给人的只能是两个极端，要么是自我放纵式的自由，要么是机械式的、物化存在的必然。要克服这两个极端化的生存，从而实现本真休闲所追求的自由与必然辩证统一的自由（见第四章），通过将审美维度融入休闲是一种值得探讨的路径。

（二）审美对心灵的扩展

审美判断（对美的判断）是知性与想象力的协调一致，只是在审美意图中的这种协调一致不同于在认识中的一致，后者是想象力要服从于知性概念的限制，而在审美意图中，想象力却是自由的，它可以越出概念的一致去自然地为知性提供丰富多彩的材料[2]。这种自由运用的想象力“在从现实自然提供给它的材料中仿佛创造出另一个自然的这方面是极为强大的。当经验对我们显得太平常的时候，我们就和大自然交谈；但我们也可以改造自然……这时我们就感到了我们摆脱联想律的自由（这联想律是与那种能力的经验型的运用相联系的），以至于材料虽然是按照联想律由自然界借给我们的，但这材料却能被我们加工成某种另外的东西，即某种胜过自然界的东西”[3]。

康德尤其看重诗艺的审美价值。“在一切美的艺术中，诗艺保持着至高无上的等级。”一方面，它具有“扩展内心”和“加强内心”的价值。“扩展内心”是“通过它把想象力置于自由中，并在一个基于概念

[1] 邓晓芒：《康德哲学诸问题》，生活·读书·新知三联书店，2006 年，第 151 页。

[2] 〔德〕康德：《判断力批判》，邓晓芒译，人民出版社，2002 年，第 161 页。

[3] 〔德〕康德：《判断力批判》，邓晓芒译，人民出版社，2002 年，第 158 页。

的限制之内，在可能与此协调一致的那些形式的无限多样性之间，呈现出一个把这概念的体现与某种观念的丰富性联结起来的形式，这观念的丰富性是没有任何语言表达与之完全适合的，这形式于是就把自己通过审美提升到理念”。“加强内心”则是通过它“让内心感到自己的自由的、独立的和不依赖自然规定的能力，即把自然按照其外观来作为现象观看和评判的能力”。[1]

在对崇高的评判中，康德突出强调了它对于人的自我提升与激发人的自我敬重的意义。在对崇高的评判中，由于想象力与理性之间的冲突，由于崇高的感情是想象力对大小（以及力量）的审美估量，不适合通过理性来估量，从而产生不愉快感，但正是这种特有的无能揭示出同一个主体的某种无限制的能力意识。[2]

康德明确地说：“对自然中的崇高的情感就是对于我们自己的使命的敬重。”[3]

我们愿意把这些对象称之为崇高，因为它们把心灵的力量提高到超出其日常的中庸，并让我们心中一种完全不同性质的抵抗能力显露出来，它使我们有勇气能与自然界的这种表面的万能相较量。即使那自然界强大的不可抵抗性使我们认识到我们作为自然的存在物看来在物理上是无力的，但却同时也揭示了一种能力，能把我们评判为独立于自然界的，并揭示了一种胜过自然界的优越性，在这种优越性之上建立起来完全另一种自我保存，它与那种可以由我们之外的自然界所攻击和威胁的自我保存是不同的，人类在这里，哪怕这人不得不屈服于那种强制力，仍然没有在我们的人格中被贬低。所以，自然界在这里叫作崇高，只是因为它把想象力提高到去表现那些场合，在其中内心能够自己超然于自然之上的使命本身的固有的崇高性成为它自己可感到的。[4]

---

[1] 〔德〕康德：《判断力批判》，邓晓芒译，人民出版社，2002 年，第 172 页。

[2] 〔德〕康德：《判断力批判》，邓晓芒译，人民出版社，2002 年，第 96–98 页。

[3] 〔德〕康德：《判断力批判》，邓晓芒译，人民出版社，2002 年，第 96 页。

[4] 〔德〕康德：《判断力批判》，邓晓芒译，人民出版社，2002 年，第 100–101 页。

所以，我们可以说“审美判断力……在康德那里都是着眼于人的各种心灵能力的关系以及人的至高无上的地位来立论的”，在这里席勒的“审美的人才是完整的人”的思想已经萌芽。[1]

无论是工具理性对人的贬抑，还是资本逻辑对人的裹挟，它们之所以可以被看作是休闲异化的根源所在，是因为其对人的精神生存空间的压抑，对人的想象力与超越性的压抑，使人完全呈现一种匍匐于现实的生存姿态。而审美想象通过其无限的想象力对人的心灵的扩展，无疑为克服休闲异化提供了宝贵的资源。

二、席勒“审美教育”思想的启发

面对现代性的困境，面对现代理性撕裂下人性的“碎片化”，席勒明确将美学与审美教育看作是达致人性和谐的唯一可行路径。与康德对于美的“主观—理性”的解释不同，席勒是以“感性—客观”的方式来解释美的。[2]一定程度上正是由于对美的这种解释，黑格尔才说：“席勒的大功劳就在于克服了康德所了解的思想的主观性与抽象性，敢于设法超越这些局限，在思想上把统一与和解作为真实来了解，并且在艺术里实现这种统一与和解。”[3]因此，我们可以发现，相对于康德思想是在一种较为隐晦曲折的意义上（尽管是十分深刻的）对克服休闲异化具有启发意义，席勒的思想对休闲异化的救赎则具有更为直接的意义，这一点主要体现在其作为“现代性审美批判的第一部纲领性文献”[4]的《审美教育书简》中。

（一）“美是人性的完满实现”

“完整的人”既是席勒美学思想的旨归，也是他现代性批判的理论前提。尽管“完整的人”的理想在文艺复兴时期就已经提出，但是，席

[1] 邓晓芒：《康德哲学诸问题》，生活·读书·新知三联书店，2006年，第178–179页。

[2] 〔德〕席勒：《审美教育书简》，张玉能译，译林出版社，2009年，第100页。

[3] 〔德〕黑格尔：《美学》（第一卷），朱光潜译，商务印书馆，1997年，第76页。

[4] 〔德〕于尔根·哈贝马斯：《现代性的哲学话语》，曹卫东译，译林出版社，2011年，第52页。

勒的贡献在于赋予这一理性更具体更深刻的内容，即感性与理性的统一、必然与自由的统一、现实与理想的统一。[1] 按照席勒的思想，人的这种完整性只能通过美才能实现。

从纯粹理性的角度看，美与完整的人性是契合的，席勒的论证大体上是这样的。

理性按其自身的本性提出应该有人性的存在，而理性的本质是极力要求完满和排除一切的限制。[2] 所以，人性在纯粹的理性中必然是完满和谐的。但是在现实中，席勒认为人却同时受到两种相互对立的力量的驱使，即两种“冲动”，一种是来自人的肉体存在或感性本性的“感性冲动”，它努力把人放在时间的限制中，使人成为质料；另一种是来自人的绝对存在或理性本性的“形式冲动”，它竭力使人得到自由，使人在状态千变万化的情况下保持不变的人格。[3] 因而，为了实现完满人性，理性出于先验的理由便提出要求：“在形式冲动与质料冲动之间应该有一个集合体，这就是游戏冲动，因为只有实在与形式的统一，偶然与必然的统一，受动与自由的统一，才会使人性的概念完满实现。”[4] 而游戏冲动的对象就是感性冲动的对象（“最广义的生活”）与形式冲动的对象（“既有本义又有引申义的形象”）的完美结合，即“活的形象”，也就是广义上称为美的东西。概括为一句话，即有人性存在，就应该有美存在。同时，这里的美也是观念中存在的美的最高理想，即“必须在实在和形式的尽可能完善的结合和平衡中去寻找”，“在现实中绝对不可能完全达到”。[5]

从经验实在的角度看，“双重的美”与人性的“双重需要”是相适应的。[6] 尽管席勒认为，希腊人身上一定程度体现了完满的人性与理想

[1] 朱光潜：《西方美学史》，人民文学出版社，1979 年，第 458 页。

[2] 这里显然是受康德理性观的影响。

[3] 〔德〕席勒：《审美教育书简》，张玉能译，译林出版社，2009 年，第 35–36 页。

[4] 〔德〕席勒：《审美教育书简》，张玉能译，译林出版社，2009 年，第 45 页。

[5] 〔德〕席勒：《审美教育书简》，张玉能译，译林出版社，2009 年，第 45–49 页。

[6] 〔德〕席勒：《审美教育书简》，张玉能译，译林出版社，2009 年，第 51 页。

的美的契合，正如他所言："希腊人的自然（本性）是与艺术的一切魅力和智慧的一切尊严结合在一起的……他们同时拥有完美的形式和完美的内容，同时从事哲学思考和形象创造，他们同时是温柔而刚健的人，把想象的青春性与理性的成年性结合在一种完美的人性里。"[1]

但是，作为启蒙主义者的席勒，并未沉浸在遥远的希腊理想之中。他认为，希腊人的人性表现已经到了最高限度，他们要向更高的教养前进，就必须放弃他们本质的完整性，尽管个体在他的本质解体的情况下不可能幸福，但是除此之外族类不可能取得进步。[2]

同时，正如前引黑格尔对席勒的评价中所言，席勒不仅要在抽象的层面论证美与人性的契合，他还要超越这种纯粹理性的局限，将这种统一作为真实来了解，并要在艺术中达到美与人性的现实的统一。

所以，席勒要在人类的进步与个体人性的完满实现之间寻求现实的统一。这种现实统一的可能性就在于经验中美与人性的双重需要的相适应。

席勒指出，完满的人性对于处在时间中的人来说只能越来越接近，但永远也达不到。现实中受限制的人，不是处在紧张状态，就是处在松弛状态。所谓的紧张状态的人，既是指处在感觉（质料）的强制之下的人，也是指处在概念（形式）强制之下的人，"人的两种基本冲动中每一种的单独统治，对于他都是一种强制状态和暴力状态"[3]。而处于松弛状态的人是指感性力量和理性力量同样缺乏的人。对于现实中的这两种人，美将按照自己的本性，"在紧张的人身上恢复和谐，在松弛的人身上恢复能力"[4]。美何以能同时具有这两个相反的功能呢？因为，"理想美，虽然是不可分割的、单纯的，但是，在不同的关系中显示出柔软

[1] 〔德〕席勒：《审美教育书简》，张玉能译，译林出版社，2009 年，第 12–13 页。
[2] 〔德〕席勒：《审美教育书简》，张玉能译，译林出版社，2009 年，第 17 页。
[3] 〔德〕席勒：《审美教育书简》，张玉能译，译林出版社，2009 年，第 53 页。
[4] 〔德〕席勒：《审美教育书简》，张玉能译，译林出版社，2009 年，第 52 页。

的特性和刚毅的特性，而在经验中就有柔然的美和刚毅的美”[1]。正是柔软的美一方面作为宁静的形式，使粗野的生活缓和下来；另一方面作为活的形象，用感性的力量装备抽象的形式，把概念引回到直观，把法则引回到感觉，从而消除两种紧张。[2]刚毅的美则能够使处于文雅柔软状态的人不致忽略他从粗野状态中带来的力量。[3]

正是这样，受感性强制的人被美引向形式和思维，受理性强制的人被美带回到质料并归还给世界。所以，要使人性得到完美实现就必须在质料与形式、受动与主动之间有一个中间状态。但是，二者之间的距离是无限的，不可能有一个居中的东西来调节，必须有一种独立的中间状态作为中介来扬弃二者之间的对立，使二者完善地结合起来，这种独立的中间状态就是“审美状态”。因为，在我们的心灵中，精神状态是一种纯粹的“无限可规定性”，而感觉状态是一种有限的被动规定性。人不可能直接从感觉过渡到思维，他必须后退一步，即“暂时摆脱一切规定，经历一种纯粹的可规定性状态”。但是这种纯粹的可规定性状态又与未经感觉状态限定之前的精神状态的无限可规定性的空无内容不同，这种状态“是要把一种同样的无规定性和一种同样的纯粹可规定性与最大可能的内容配合起来，因为从这种状态中应该直接产生出某种肯定的东西”[4]。所以这种状态既要抓住感觉所接受的规定从而具有实在性，同时又要扬弃这有限的规定性。“这种实在的和主动的可规定性状态”就是“审美状态”。[5]

席勒指出：“只要人们仅仅注意一个个别的结果，而不注意全部的能力，并且只看到在人身上缺乏任何特殊规定，那么人在审美状态中就

---

[1] 〔德〕席勒：《审美教育书简》，张玉能译，译林出版社，2009 年，第 50 页。

[2] 〔德〕席勒：《审美教育书简》，张玉能译，译林出版社，2009 年，第 53–54 页。

[3] 对于刚毅的美如何使松弛的人恢复能力，作者并未做详细阐述，这里只是从作者的如下观点所做的一个反推，即 “对于受到审美趣味宽容的人来说，刚毅的美是一种需要，因为他在文雅的状态中太喜欢忽略他从粗野状态中带来的力量”。（〔德〕席勒：《审美教育书简》，张玉能译，译林出版社，2009 年，第 51 页。）

[4] 〔德〕席勒：《审美教育书简》，张玉能译，译林出版社，2009 年，第 62 页。

[5] 〔德〕席勒：《审美教育书简》，张玉能译，译林出版社，2009 年，第 63 页。

是零。”[1] 所以，认为美以及美是我们所处的那种心境，对于认识和信念是完全无关紧要的和毫无结果的，它既不能实现智力上的个别目的，也不能实现道德上的个别目的，既发现不了任何一个真理，也无助于我们完成一项义务，这种观点是完全正确的。[2]

但是，美把自由完全归还给人，使人能够按照本性，从自己本身出发来创造他所愿望的东西，使人能成为他所应该是的东西，因此，美所给人的又是无限的。与人因受感性（质料）和理性（形式）的片面强制而失去自由相比较，审美心境所归还给我们的能力无疑是“一切馈赠中的最高礼物，即人性的馈赠”[3]。尽管人在进入任何一种规定状态之前就具有这种天赋的人性，但在事实上人进入任何一种规定状态都会丧失人性，而正是审美状态使人又重新获得这种人性，所以，在这种意义上，“美是我们的第二创造者”[4]。唯有我们真正置身于审美享受之中，我们才会在相同的程度上成为受动力量和主动力量的主宰，才会同样轻松地使自己趋向严肃和游戏、静止和运动、谦让和反抗、抽象和直观，唯有在审美状态中我们的人性才得到完整的表现。[5]

所以，“美是人性的完满实现”在席勒那里，既是指在纯粹理想的意义上，也是指现实中“双重的美”对于“双重的人性”的需求的适应，而且通过“审美心境”这种中介使人重新得到了因受到感性或形式的片面强调而丧失的人性。

（二）“只有审美外观才是游戏”

谈席勒的美学的休闲学意义绝离不开他的“游戏冲动”。席勒赋予游戏概念非常高的地位，他指出：“只有通过四肢自由而一致的游戏才能够培育美”，“正是游戏而且只有游戏才使人成为完整的人”，“只

[1] 〔德〕席勒：《审美教育书简》，张玉能译，译林出版社，2009 年，第 65 页。
[2] 〔德〕席勒：《审美教育书简》，张玉能译，译林出版社，2009 年，第 65 页。
[3] 〔德〕席勒：《审美教育书简》，张玉能译，译林出版社，2009 年，第 65 页。
[4] 〔德〕席勒：《审美教育书简》，张玉能译，译林出版社，2009 年，第 65–66 页。
[5] 〔德〕席勒：《审美教育书简》，张玉能译，译林出版社，2009 年，第 67 页。

有当人是完整意义上的人时，他才游戏；而只有当人在游戏时，他才是完整的人”。[1]有的学者甚至认为游戏概念是席勒美育理论的核心。[2]但是，对于席勒所使用的“游戏”概念我们不能望文生义，席勒对其使用的“游戏”概念是有明确而严格的限定的，具体包括以下三个方面。

首先，席勒意义上的“游戏”一定程度上是理性基于先验理由提出的“纯粹游戏”[3]，而非现实生活中的游戏。席勒明确指出，作为使感性冲动和形式冲动结合起来发生作用的游戏冲动，是理性出于先验的理由提出的要求，即“在形式冲动和质料冲动之间应该有一个集合体，这就是游戏冲动”。正如理性按照其本性所作出的裁决（如人性）一样，这种要求也是追求完满排斥一切限制的，所以他说，至于什么是纯粹游戏，“我们在这里不应该想到那种在现实生活中进行的、通常只是以非常物质化的对象为目标的游戏”[4]。尽管席勒也谈到现实中有完全可以在物质意义上被称为游戏的活动，但那或者是动物界甚至是无灵魂的自然界的游戏，或者是“人的想象力与自己的自由运动和物质的游戏”，这种游戏虽然是人所特有的，但它仅仅属于人的动物性生活，并非真正属人的游戏，真正属人的游戏是经过“自然的严肃”，再经过“自然的游戏”而达到的“审美的游戏”。[5]当然，席勒的游戏概念也并不是和通常的游戏概念毫无联系，但他仅仅只是借用了常用的游戏概念中“表示一切在主体和客体方面都不是偶然的，而无论从外在的方面还是从内在的方面都不受强制的东西”[6]的这一层意思。

其次，席勒意义上的完整的人与真正的游戏之间是一体的关系。尽管他说“正是游戏而且只有游戏才使人成为完整的人”[7]，但这只是二

[1] 〔德〕席勒：《审美教育书简》，张玉能译，译林出版社，2009 年，第 18 页、第 47–48 页。

[2] 尤战生：《审美与人的感性生存——试论席勒的“游戏说”》，《山东社会科学》1997 年第 1 期，第 74–77 页。

[3] 〔德〕席勒：《审美教育书简》，张玉能译，译林出版社，2009 年，第 47 页。

[4] 〔德〕席勒：《审美教育书简》，张玉能译，译林出版社，2009 年，第 45–47 页。

[5] 〔德〕席勒：《审美教育书简》，张玉能译，译林出版社，2009 年，第 91–92 页。

[6] 〔德〕席勒：《审美教育书简》，张玉能译，译林出版社，2009 年，第 46 页。

[7] 〔德〕席勒：《审美教育书简》，张玉能译，译林出版社，2009 年，第 47 页。

者关系的一个方面，他对二者关系的完整表述为“终究会有那么一次最后说出这样的话：只有当人是完整意义上的人时，他才游戏；而只有当人在游戏时，他才是完整的人”[1]。初看上去这句话是比较费解的，似乎让人钻进了一个循环之中，但是结合席勒的整个审美教育思想来看，就能读出这里面的深刻内涵。其实席勒在这里要表述的意思是，在完整的人与真正的游戏之间，既不能仅看到有了完整的人才有真正的游戏这一面，也不能仅看到游戏造就完整的人这一面，因为不完整的人不可能会进行真正属人的游戏，而除属人的游戏之外又没有任何方式可以塑造完整的人。所以，席勒实际上是从逻辑上否定了对这个问题进行单向考虑的可能性，对这个问题的唯一合理的认识应该是，我们必须同时从两个方面来考虑问题，即要同时注重完整的人与真正的游戏，只有这样才可能会既有完整的人又有真正的游戏。

最后，席勒意义上的“游戏”和审美是密不可分的，甚至可以说“游戏冲动”就是“审美冲动”。席勒反复强调了游戏冲动的对象就是作为活的形象的美，而且他还明确地指出，“只有审美外观才是游戏”。[2]席勒还指出，理性对游戏冲动的要求，即要求游戏冲动作为感性冲动与形式冲动的集合体时，这实际上就是对美的要求。对游戏与审美密不可分关系的最明确表述是：“人应该同美仅仅进行游戏，人也应该仅仅同美进行游戏。”[3]这里的意思非常丰富，一方面是说，人同美的关系不应该是片面的受感性冲动或理性冲动强制的关系，而应该是扬弃了这两种冲动的和谐自由的关系；另一方面也说明了真正的属人的游戏应该是同美进行的，而不应该是任何我们想到的现实中过于物质化的游戏。

上述席勒关于“美是人性的完满实现”与“只有审美外观才是游戏”等相关论述为我们思考休闲异化提供了丰富的资源。尤其是他对美作为

[1] 〔德〕席勒：《审美教育书简》，张玉能译，译林出版社，2009年，第48页。
[2] 〔德〕席勒：《审美教育书简》，张玉能译，译林出版社，2009年，第86页。
[3] 〔德〕席勒：《审美教育书简》，张玉能译，译林出版社，2009年，第48页。

人性完满实现的具体而深刻的论述，既为我们从审美的角度克服休闲异化做出了一种本体论上的论述，同时又对我们思考通过审美克服休闲异化的现实途径有所启发。现代休闲异化正是由于其一方面受到工具理性的强制而缺乏丰富的感性活泼性，另一方面现代人在资本逻辑的裹挟之下片面地陷于物欲的强制之下，而要同时克服这两个方面，将审美的维度融入休闲无疑是值得认真思考的。

席勒对游戏意义的强调对克服休闲异化亦具有深刻的启发意义。尽管他是在特定的意义上使用“游戏”这一概念，我们不能直接将其游戏概念等同于休闲，但是，席勒意义上的游戏作为一种真正属人的游戏，我们可以将其看作是本真的游戏，进而可以看作是他对本真的休闲的一种阐述。因而，我们也可以从他对于怎样的游戏才是本真的游戏的论述中，获得关于作为本真的休闲的应有特征的启发，如自由、创造性、审美趣味等。

席勒将完整的人与真正的游戏作为一体的观点，也启发我们将本真的人与本真的休闲作为一体来思考。我们不能仅仅看到休闲“使人成为人”的一面，这是不够的，按照席勒的思想，这在逻辑上是不可能的，因为如果没有完整的人是不可能有本真的休闲的。所以，我们批判休闲异化的同时必须对人的异化进行批判，而批判人的异化的同时必须对休闲异化进行批判，必须将这二者放在一个整体中来运思。

第二节　审美的“世俗救赎”与“乌托邦”

一、韦伯：艺术作为“世俗救赎”的功能

作为古典美学代表的康德与席勒，主要是从纯粹思辨的角度来考察美学与审美的意义，而作为社会学家的韦伯，则主要从文化社会学的角度来谈艺术的世俗救赎意义。因而与前者拥有系统的美学思想不同，韦伯关于艺术救赎的论述主要蕴含在其社会学思想之中。对于韦伯社会学

思想中所蕴含的审美救赎思想，南京大学的李健博士在《审美乌托邦的想象：从韦伯到法兰克福学派的审美救赎之路》[1]一书中做了较为详尽的梳理，笔者认同他对于韦伯审美救赎思想的基本概括，即韦伯的审美救赎思想主要体现在以下几个方面。

（一）艺术为人们提供了逃脱牢笼的希望

在工具理性的笼罩之下，艺术为人们提供了逃脱牢笼的希望。在《新教伦理与资本主义精神》中，韦伯集中论述了新教伦理与资本主义兴起之间的关系。在客观中立的分析之外，韦伯最后还流露出了对资本主义现实及其未来的十分悲观的情绪。韦伯认为，大获全胜的资本主义，现在已经不需要新教伦理作为其精神支持了。尽管表面上看，富兰克林所教导的资本主义精神与清教伦理的禁欲主义并无区别，但是这种资本主义精神现在已经没有宗教基础了。[2]身外之物，曾经对于教徒来说只是一件可以随时甩掉的斗篷，现在却逐渐成为一只铁笼：

> 没有人知道，将来会是谁住在这牢笼里？在这惊人发展的终点，是否会有全新的先知出现？旧有的思维与理想是否会强劲地复活？或者！要是两者皆非，那么是否会是以一种病态的自尊自大来粉饰的、机械化的石化现象？[3]

但是，希望还是有的，救赎的希望也还是存在的，这种希望就在于艺术：

> 艺术接过了在这个尘世进行救赎的功能，至于如何对此加以解

[1] 李健：《审美乌托邦的想象：从韦伯到法兰克福学派的审美救赎之路》，社会科学文献出版社，2009年。

[2] 〔德〕马克斯·韦伯：《新教伦理与资本主义精神》，康乐、简惠美译，广西师范大学出版社，2007年，第186页。

[3] 〔德〕马克斯·韦伯：《新教伦理与资本主义精神》，康乐、简惠美译，广西师范大学出版社，2007年，第188页。

释，这无关紧要。它是从日常生活的惯例特别是从与日俱增的理论与实践的理性主义压力下提供救赎的。[1]

（二）艺术作为“世俗救赎”的依据所在

首先，艺术的自律是其承担其救赎功能的基本前提。[2] 按照韦伯的论述，在宗教与艺术（美学）的关系中，宗教为艺术创作提供了丰富的资源，诸如偶像、圣像等宗教物品以及多种宗教仪式，但是，对于宗教来说，艺术只有媒介作用，其本身是没有价值的，甚至是令人生疑的。宗教的救赎与艺术自身逻辑的演进处于一种越来越紧张的关系之中。但是，“只要创造性的艺术家亲身体验到他的成果是产生于‘技能’（最初是巫术）超凡魅力或者自发的活动，宗教伦理和艺术之间的关系就会始终处于和谐状态”[3]。

但是这种和谐状态在现代性的发展中发生了变化：

> 理智主义的发展以及生活的理性化改变了这种情形。因为，在这些条件下，艺术变成了一种越来越自觉地把握独立价值的体系，而这些价值的存在是当之无愧的。[4]

当然，艺术自律的形成或者说一个独立的“审美领域”的出现，还有其他社会学动因，包括社会分工的发展、商品化和市场化的发展、艺术自身的制度化以及个人主义的内在推动力等。[5]

所以，现代性自身的发展，尤其是理性化和世俗化的发展，一方面使得宗教救赎越来越失去其地位；另一方面，它也创造出自身“世俗救

---

[1] 〔德〕马克斯·韦伯：《马克斯·韦伯社会学文集》，阎克文译，人民出版社，2010年，第324页。

[2] 李健：《审美乌托邦的想象：从韦伯到法兰克福学派的审美救赎之路》，社会科学文献出版社，2009年，第54页。

[3] 〔德〕马克斯·韦伯：《马克斯·韦伯社会学文集》，阎克文译，人民出版社，2010年，第324页。

[4] 〔德〕马克斯·韦伯：《马克斯·韦伯社会学文集》，阎克文译，人民出版社，2010年，第324页。

[5] 周宪：《审美现代性批判》，商务印书馆，2005年，第228–238页。

赎”的可能性，这个可能性就是作为一个独立领域的“审美领域”。

其次，正是由于艺术（审美）所体现的是价值理性，所以它才有可能与作为启蒙理性最主要特征的工具理性相对抗，从而承担世俗救赎的功能。

在韦伯看来，审美是作为“无条件的固有价值的纯粹信仰”的“价值理性”的行为，所以它才有可能在与作为启蒙理性标志的工具理性的对抗中、在宗教已然衰落的时代承担起世俗救赎的责任。同时由于审美具有感性愉悦的形式，所以它对冲破工具理性的“铁笼”具有更强的颠覆性和反叛性。[1]

韦伯着重从审美作为一个独立的领域，以及作为体现价值理性的行为等角度，论述艺术（审美）作为宗教衰落、工具理性膨胀的时代人的世俗救赎的路径。审美的这一维度对于克服工具理性裹挟之下的休闲异化同样具有重要意义。因为在工具理性的无止境渗透之下，人们的休闲行为也到处体现着一种手段—目的的特征，从而体现着与异化的现实的高度同一，这种意义上的休闲，只能是对人的异化的加深并麻痹人的反抗意识。所以韦伯对审美的世俗救赎意义的强调，为我们从价值理性的角度思考休闲异化的救赎提供了可资借鉴的资源。这一点对法兰克福学派的批判理论产生了积极影响，一定意义上促使他们在批判立场上，构建其审美乌托邦的想象。[2]

二、马尔库塞的审美“乌托邦”

马尔库塞的现代性批判包括明显的破与立两个方面。一方面，他以“单向度”概念为核心，对资本主义社会通过现代工业系统、大众文化等所造成的现代人的深度异化进行了深刻批判。另一方面，他通过对弗

[1] 李健：《审美乌托邦的想象：从韦伯到法兰克福学派的审美救赎之路》，社会科学文献出版社，2009年，第59–60页。

[2] 李健：《审美乌托邦的想象：从韦伯到法兰克福学派的审美救赎之路》，社会科学文献出版社，2009年，第1–8页。

洛伊德思想的继承与发展，并结合德国古典美学思想尤其是席勒的美学思想，提出了克服异化、实现人解放的审美乌托邦。

马尔库塞认为，由于发达资本主义所实行的社会控制已深入实存的本能层面和心理层面，而哲学在肯定性思维的大举进攻之下，已经沦为“单向度”的哲学，无法承担起观念革命的重担。马尔库塞把希望寄托在艺术上。在他这里，艺术不再停留在思想之中，而是要介入现实，一方面“控诉现实”，一方面又要成为“构建”美好未来的推动力量。[1]

（一）“艺术对现存现实的控诉”

艺术批判与控诉现实的力量主要来自艺术与现实之间既疏离又切近的关系。艺术与现实之间的疏离主要是指艺术的自律。马尔库塞反对从占统治地位的生产关系的总体出发去解释一件艺术作品的性质和真实性，他认为，艺术作品的反抗力量不在于它的题材和内容，而是在于其审美形式。正如他所说：

> 文学并不因为它写的是工人阶级，写的是“革命”，因而就是革命的。文学的革命性，只有在文学关心它自身的问题，只有把它的内容转化成为形式时，才是富有意义的。因此，艺术的政治潜能仅仅存在于它自身的审美之维。[2]

正是由这种审美形式所构成的艺术的自律，使得艺术的世界能成为一个异在的世界，另一个“现实原则”的世界，从而成为与现实异化世界相对立的力量。

但是同时，艺术的自律所产生出的并不是“虚假的意识”或纯粹的幻象，而是一种反抗意识，即对在现实中随波逐流的心灵的否定。所以，他说：

[1] 李进书：《西方马克思主义的审美现代性与续写现代性》，人民出版社，2011 年，第 100–105 页。

[2] 〔美〕赫伯特·马尔库塞：《审美之维》，李小兵译，广西师范大学出版社，2001 年，第 191–192 页。

在艺术中，那种乍一看是远离变革实践的东西，应当被看作是未来自由解放实践的因素——看作是“美的科学”，看作是“赎还和完美的科学”。艺术不能改变世界，但是，它能够致力于变革男人和女人的意识和冲动，而这些男人和女人是能够改变世界的。[1]

（二）“艺术对解放的美景的呼唤”

审美形式不仅能在单向度的世界中承担着批判现实的任务，同时对于个人来说，它还是一种“生产力”，建构着现实。马尔库塞认为，“技术一旦具有艺术的气质，便会将主观的感性转化为客观的形式，即转化为现实”[2]。

审美的这种生产力，主要是通过审美的“想象力”来实现的。马尔库塞继承了康德和席勒美学中对想象力沟通感性与理性以及想象力的创造性的强调，并将这种创造力进一步延伸至现实中，认为：“沟通着感性和理性的想象力，当它成为实践的东西后，就是‘生产性’的东西了，这意味着它在现实的重构中成为一股指导力量，这种对现实的重构，要借助一种快乐的科学（gaya scienza），即一种摆脱了为毁灭和剥削服务的科学和技术，进而，让这些科学技术自由地为想象力的解放紧切性服务。”[3]这种沟通了感性与理性的“想象力”就是马尔库塞所谓的“新感性”，通过这种新感性才能实现人的非压抑性升华，从而创造出非压抑的社会。

尽管法兰克福学派的其他代表人物，如本雅明、阿多诺等，在他们的现代性批判体系中，都给予审美现代性高度的重视，但是，从我们研究的视角来看，马尔库塞的审美乌托邦思想带给我们的启发是最丰富的，至少是具有一定的代表性的。因为，一般认为，马尔库塞的思想发展经历了一个正—反—合的辩证过程，这个过程一方面表现为理论—实践—

---

[1] 〔美〕赫伯特·马尔库塞：《审美之维》，李小兵译，广西师范大学出版社，2001 年，第 212 页。
[2] 〔美〕赫伯特·马尔库塞：《审美之维》，李小兵译，广西师范大学出版社，2001 年，第 99 页。
[3] 〔美〕赫伯特·马尔库塞：《审美之维》，李小兵译，广西师范大学出版社，2001 年，第 104 页。

理论的形式，另一方面表现为哲学—批判理论—美学的形式。[1] 所以马尔库塞的美学思想，具有强烈的批判意识与实践关切。所以，相对于康德和席勒以及与马尔库塞同属法兰克福学派的其他思想家，马尔库塞的审美救赎思想显得更为丰富和具体，其对克服休闲异化的意义也更加突出。

一方面，审美对现实的批判维度对于克服休闲异化具有重要意义。因为休闲异化的一个重要表现就是，本应作为克服现代人异化的希望或途径之一的休闲，也完全认同了现代性的“同一性”与“单向度”，人们在现代社会所提供的休闲方式之中，很快乐、很幸福、很满足，完全沉浸在其中，似乎这就是人们不辞辛劳想要追求的最高境界。这种对强加于自己身上的异化的认同，正是异化发展的更高级阶段，人已经完全“被其异化了的主体所吞没”[2]。所以要克服休闲异化，首先就必须在休闲之中恢复人的批判意识，不论是将审美的维度纳入休闲，还是将审美作为最佳的休闲方式，这是克服休闲异化进而克服人的异化的第一步。

另一方面，审美通过激发人的感性力量而具有的构建能力，也是值得我们认真对待的。尽管马尔库塞也认为审美的建构只是一种乌托邦，存在空想的因素，但是这些都不能否定审美具有积极的、现实的建构意义，这一点对于我们克服休闲异化来说非常重要。因为，除希腊古典时期，亚里士多德对休闲的建构意义有过高度的重视之外，一直以来休闲都处在一个非常边缘的位置，似乎休闲并不具有重要的建设性意义。如果说审美因为具有构建乌托邦的功能而成为一种鼓舞人的现实力量，那么融入审美之维的休闲必定会使得休闲在实现人的本真存在、实现人的感性与理性的和谐、实现一种非异化的社会文化方面具有重要的意义，而且，休闲与这些意义的实现的关系，并非像在大多数以休闲的名义追

---

[1] 李遥、耿刘从：《马尔库塞美学思想论》，《北京社会科学》1988 年第 1 期，第 116–124 页。

[2] 〔美〕赫伯特·马尔库塞：《单向度的人：发达工业社会意识形态研究》，刘继译，上海译文出版社，2008 年，第 10 页。

求经济效益的情况中那样，后者中休闲完全沦为一种工具和手段，而我们说的休闲的建设性意义并不是要牺牲休闲本身，毋宁说这些意义的实现就是本真的休闲的实现。

第三节　日常生活与审美

一、列斐伏尔：日常生活中的审美

不同于韦伯和法兰克福学派从宏观的政治、经济、文化以及意识形态的角度展开对现代性的批判，列斐伏尔则将目光投向了向来被哲学史所蔑视或遗忘的日常生活领域

在列斐伏尔看来，日常生活已被新技术与消费社会“殖民化”[1]，所以我们现在所进入的是一个虚幻的颠倒形象领域，而不是真实的世界，在这个世界中甚至连人们的休闲生活都已经被高度地商品化和组织化，从而失去了其自由和创造的特性[2]。因而，他的日常生活批判的目标同样是将人从技术理性与资本逻辑的支配中解脱出来，只不过他不是寄希望于具有精英化倾向的艺术，而是认为，日常生活本身既包含琐碎与平庸，又包含卓越与神奇。所以对于日常生活的异化，他认为可以通过节日及其所体现的狂欢精神等方式克服日常生活的“殖民化”和异化。

列斐伏尔认为：“节日不同于日常生活之处仅在于，它是日常生活所积累的力量爆发出来了。”在节日庆典中，人们会作出巨大的“牺牲”（在这个词的特定意义上），人们往往会在一天之内消耗掉他们花费数月积累起来的财物，“节日就是冒险，是拿未来赌博”，“通过节庆，社区欢迎着大自然，为自然的赏赐而欢喜，节庆将大自然与社区相连”。[3]但是，节庆尽管与日常生活形成鲜明对照，但是它又不是独立于日常生

[1] Stuart Elden. Understanding Henri Lefebrve. Continuum, 2004: 116.

[2] Henri Lefebvre. Critique of Everyday Life. Verso, 1991: 35.

[3] Henri Lefebvre. Critique of Everyday Life. Verso, 1991: 202-203.

活的，它只是比日常生活更加热烈。[1]“列斐伏尔标举的‘节庆’文化所蕴含的狂欢因素，固然是对日常生活的一种颠覆和重构，但是它的重构精神本身就已潜伏在日常生活之中。”[2]

值得指出的是，列斐伏尔用了大量篇幅讨论休闲以及休闲与工作的关系、休闲与日常生活的关系。在一定意义上，他确实认为休闲作为日常生活的一个部分，同样是被异化了的。但是，从其基本论述来看，他又将休闲作为克服异化的途径。例如，他指出，“补偿性休闲”工人们可以表达他们个性，只有休闲的王国可以逃离技术环境，逃离必须，在休闲中我们就已经超越了技术等。[3]所以，我们认为，从基本态度上看，列斐伏尔是在非批判的意义上谈论休闲的，或者说休闲异化本身并没有成为他的议题。

但是，正如周宪所指出的，在日常生活批判的路径上，列斐伏尔对节庆与狂欢等形式的关注，对感性和欲望的解放的强调，对诗性瞬间的强调，使他的理论与审美现代性发生了深刻的联系。尽管在重视审美现代性作为克服现代性所导致的异化的资源这一点上，他与法兰克福学派是一致的，但是他的审美救赎思想所体现的视角显然不同于法兰克福学派，“一个是‘下地’，一个是要‘上天’。虽然二者都有明显的乌托邦色彩，但列斐伏尔的日常生活批判更具现实性”[4]。前者更多体现出一种精英化色彩，后者则更具民主精神。

总体来看，列斐伏尔的现代性批判思想对休闲异化的救赎，提供了以下两点独特的启发。

（一）从日常生活本身中寻求克服异化的途径

正如列斐伏尔所言：“人必须是日常生活的，否则将什么也不是。”[5]

[1] Henri Lefebvre. Critique of Everyday Life. Verso, 1991: 207.

[2] 陆扬：《何以批判日常生活》，《学术月刊》2008 年第 9 期，第 107–113 页。

[3] Henri Lefebvre. Critique of Everyday Life. Verso, 1991: 207.

[4] 周宪：《审美现代性批判》，商务印书馆，2005 年，第 397–398 页。

[5] Henri Lefebvre. Critique of Everyday Life. Verso, 1991: 127.

他认为，归根结底，人不是经济人、理性人、技术人、政治人，而是日常生活中的凡夫俗子。[1] 所以，我们谈论人的异化、劳动的异化、休闲的异化，归根到底或者从一种更深层的意义上来看，是要看到这种异化对人的日常生活及日常思维的潜移默化，而克服休闲异化恰恰需要从日常生活入手。但是，日常生活中的问题必须从日常生活本身寻求解决。正是列斐伏尔看到了日常生活虽然有被技术主义、消费主义异化的一面，但其自身具有极大的包容性，所以人们的日常生活不可能完全服从技术与资本的控制，日常生活中仍然有对抗异化的因素，如节庆及狂欢等不服从技术分工、科层制、手段—目的、投入产出等逻辑的因素，从而使其成为克服异化的希望所在。对于休闲异化的批判与救赎同样也应该用日常生活批判的视角。我们应该从人们的日常生活中去寻求克服异化的因素，充分调动日常生活中非异化的因素，如人们的节庆生活等，这样才可能同样以一种润物细无声的方式，逐渐唤醒人性中本有的丰富性与创造性，从而引起对单向度社会与单向度思维的反思和改变。

（二）审美救赎需要“落地”

法兰克福学派所谓的审美救赎虽然“看上去很美”，但是我们不能期望每个人都是艺术家，都是诗人。在日常生活中，人们能天然地“亲近自然”，即实现一种马尔库塞意义上的自然的解放[2]，一方面解放人的自然（人的本性），即解放作为人的理性和经验的基础的人的原初冲动和感觉；另一方面解放外部的自然界，这并不意味着回到前工业技术时代，而是运用技术文明的成果，使人和自然界摆脱科学和技术为剥削服务时的那种破坏性滥用。正是通过日常生活中的双重自然的解放，可以达到人们在工具理性与消费主义社会中无法实现的感性与理性的和谐，人与自然的和谐以及人与自身的和谐，从而可能克服休闲异化。尽

[1] 吴宁：《列斐伏尔对日常生活与非日常生活的思辨及其评价》，《南京社会科学》2007 年第 12 期，第 23–29 页。

[2] 〔美〕赫伯特 · 马尔库塞：《审美之维》，李小兵译，广西师范大学出版社，2001 年，第 121 页。

管列斐伏尔的思想也具有乌托邦色彩，但是相对来说则更具现实性与可行性，更具有“改变世界”的可能性。

二、赫勒：审美与自由个体的生成

相对来说，尽管赫勒也认为现代日常生活世界是异化的，但她只是从一般的意义上认为异化在所有社会都或多或少存在着，因为无论如何，社会生存总是有一定的模式化，这种模式总是趋于保守和僵化，从而在一定程度上阻碍个性的自由发展，正是在这个意义上，任何社会都或多或少是异化的。赫勒并没有集中批判现代社会中的异化[1]，赫勒是以一种较为客观的态度来分析日常生活的结构与图式，以及生活在日常生活中的个人的实践与思维模式。赫勒既指出日常生活的结构图式具有保守性的一面，又指出作为“自在的”对象化领域的日常生活在本体论上是第一性的，是文化发展和个人存在的前提和基础；既指出个人作为非自觉存在的“特性”具有自我保存的倾向，并使其他一切都屈从于这一倾向，也指出这是每个人维持基本的生存所必需的。

当然，无论“自在的”对象化领域以及非自觉存在的个性在本体论上具有怎样的优先性，不可否认的是它们都可能会成为阻碍个性发展、成为阻碍社会发展的因素，因为在赫勒看来，个体再生产与社会再生产是一个统一体。尽管如此，“主体对异化的反抗也总是可能的”，主体选择“创造一个异化在其中成为过去的社会”也是可能的。[2] 反抗异化的关键就是个体通过“自为的”类本质对象化，超越“特性”而成为具

[1] 当然在赫勒论述中也隐含有现代社会的异化，从某些方面来看是有所加深的意思。这主要体现在，赫勒认为现代科学技术对人实施了新的操纵，这种操纵接受了宗教的消极功能，但没有补偿宗教的积极功能，它以技术神话、领袖神话和专家神话取代了古代的神话，它完全不代表类的发展。（Agnes Heller. Everyday Life. Routledge & Kegan Paul, 1984: 106.）

[2] Agnes Heller. Everyday Life. Routledge & Kegan Paul, 1984: 258, 269.

有“个性”的个体[1]，并使自身提升到类的存在，从而选择过“有意义的生活”[2]。在这一过程中，艺术发挥了独特的作用，主要是因为，艺术作为“自为的”类本质的承担者有以下两方面作用。

一方面，它具有自为的类本质对象化的共同特点，即“所有的‘自为的’对象化都体现了人的自由，并表达了人性在给定时代所达到的自由的程度”[3]。

另一方面，艺术“把世界描绘成人的世界，描绘成人所创造的世界。它的价值尺度反映了人类的价值发展，在艺术价值尺度的顶峰，我们发现了那些最充分地进入类本质繁盛过程的个体（个体的情感、个体的态度）”[4]。

另外，艺术是日常生活不可分割的一部分，审美思维方式的前提与原初的模型都是内在于日常思维之中的，任何一种生活方式与社团都或多或少包含有音乐、舞蹈等，尤其是在节日以及其他作为日常生活“顶点”的日子中，往往都会有艺术的伴随。[5]

艺术的独特作用主要体现为：

首先，对于艺术品的创作者来说，“特性”被完全中止，它将创作人提升到类本质的水平，并将人的个性印记打在人造物的世界之上。

其次，对于艺术品的接受者或“欣赏”者来说，他的“特性”也被废弃，欣赏者与艺术品的作者一样被提升到类本质的水平。

[1] 在赫勒的话语体系中，“个人”概念是从以下两个维度来界定的。一个维度是人的“特性”，它包括与生俱来的特质、能力和才能所构成的特殊的禀赋，以及“特性的观点”，即人总是以特定地把自身作为起始的观点来理解他生于其中的世界，并根据这同一观点来寻求操纵世界，“特性”标志着与类的自觉关系尚未建立起来；另一个维度是“个性”，它始终处在超越特性、形成自身与类的自觉关系从而成为个体的生成过程中。特性与个性的区分最主要在于后者包含了“自律选择”，而前者则只有一般的“取舍意识”。（Agnes Heller. Everyday Life. Routledge & Kegan Paul, 1984: 8–27.）

[2] Agnes Heller. Everyday Life. Routledge & Kegan Paul, 1984: 267. 与“有意义的生活”相对的一个概念是“幸福”，二者的区别在于，幸福是日常生活中“有限的成就”意义上的“为我们存在”，它原则上不能够发展与拓宽；有意义的生活是一个以通过持续的新挑战和冲突的发展前景为特征的开放世界中日常生活的“为我们存在”。（Agnes Heller. Everyday Life. Routledge & Kegan Paul, 1984: 266–268.）

[3] Agnes Heller. Everyday Life. Routledge & Kegan Paul, 1984: 119.

[4] Agnes Heller. Everyday Life. Routledge & Kegan Paul, 1984: 107.

[5] Agnes Heller. Everyday Life. Routledge & Kegan Paul, 1984: 108.

所以，虽然艺术本身的目标既不是直接地影响人们的生活，也不是教育人们，但由于其自身的逻辑，艺术品无论对于创作者还是对于欣赏者都具有“净化”与“提升”的作用。

但是，与席勒以及法兰克福学派等过分夸大艺术与审美的作用不同，赫勒对审美的作用的看法更为辩证，既看到艺术与审美对于自觉个体的生存的作用，又辩证地分析这种作用的有限性。这主要体现在以下两个方面：

第一，审美体验对人的影响既受“前摄”的影响，又具有“滞后”性。

尽管艺术作品有提升人、净化人的作用，但是，这里有一个问题：“艺术体验中特性的中止总是在同一水平上发生吗？特性的这一中止的范围和强度仅仅依赖于艺术品的深度和价值吗？”[1] 赫勒的回答是否定的。

一方面，我们是从我们自己的亲身经历和感受出发，带着我们已有的感情来体验与享受艺术品的。最为重要的是，我们还是以社会的价值判断和意识形态来装备自己的。这就是卢卡奇所谓的“前摄”（beforehand），正是它决定了什么样的艺术品能把受众提升到类本质的水平。赫勒还举例指出，我们几乎不为一件公认的杰作所动，而是经常为一件低得多的，但却与我们自己的时代所面临的问题相关的艺术品所深深“骚动”，被其震动并达到净化点。同样，如果一幅画使我们想起某个我们曾经爱过的人，它就会留下深刻和难忘的印象。[2]

另一方面，艺术品改变我们的生活以及我们同世界的关系，也并不完全依赖于体验的强度。净化体验向日常生活或一般生活的转变，也是一个罕见的现象。而且，这种转变在“未受教育”和“文盲”接受者那里，比在那些习惯接受艺术品的人那里更有可能发生。因为，后者的艺术体验是“非自然状态的”，即在欣赏之后，他又会回到与艺术根本不

[1] Agnes Heller. Everyday Life. Routledge & Kegan Paul, 1984: 108.

[2] Agnes Heller. Everyday Life. Routledge & Kegan Paul, 1984: 109.

同的日常生活。[1]

第二，“审美生活”具有相对狭隘的贵族性。

赫勒认为，虽然“审美生活”也能够使日常生活中的自在性转变为“为我们存在”，使得过“审美生活”的人，即“生活的艺术家”在个人水平上展示他的才能，但是，这种人只有一个意图，即把他的生活转变成“为他的存在”，但是他的性格中缺少“对他人有用”的气质，或者说他不具备感受他人需要的才能，他尽管也意欲过“有意义的生活”[2]，但他不会提出这种生活是否可能普遍化的问题。所以，“审美生活”是贵族统治的，而有意义的生活则在原则上是民主的，其指导规范是有意义生活可一般化，可拓宽到他人，甚至整个人类。[3]

综上，赫勒关于日常生活与审美的相关论述，给我们的启示至少包括以下两点。

第一，她主要是从主体存在的角度，即自觉个体的生成角度来讨论审美的作用的。这一点至关重要，尽管艺术与审美具有诸如控诉异化现实、提供解放希望等作用，但其最根本的意义，或者说其能起到其他作用的根本原因在于其对于主体的改变。

正如我们在第三章所讨论过的，休闲异化的一个主要原因就是休闲主体的迷失，这种迷失是指主体迷失于一个异化的社会关系之中而不自知，将人的类本质存在转变为个人存在的手段，也就是使人本身成为异化的存在。所以，克服休闲异化，按照我们从席勒那里获得的启发（即完整的人与本真的休闲是一体的，在人是异化的情况下不可能会有本真的休闲，正如异化的休闲产生不出完整的人一样），我们必须重视克服异化的人。而审美在一定意义上恰是具有扬弃人的自在存在、扬弃人的自在的类本质对象化，从而净化人、提升人的功能。这一点值得我们重

[1] Agnes Heller. Everyday Life. Routledge & Kegan Paul, 1984: 109.

[2] “有意义的生活是一个以通过持续的新挑战和冲突的发展前景为特征的开放世界中日常生活中的‘为我们存在’。”（Agnes Heller. Everyday Life. Routledge & Kegan Paul, 1984: 267.）

[3] Agnes Heller. Everyday Life. Routledge & Kegan Paul, 1984: 267–268.

视。当然，包括席勒在内，还有法兰克福学派等都在一定程度上重视审美对于主体的意义。不过他们主要是从主体的改变从而改变现实的角度，某种意义上主体的改变只是为了使客观现实发生改变而具有其意义，而赫勒则更强调主体及其态度的转变本身就具有重要的意义，因为异化在一定程度上正是因为我们对我们的世界缺少丰富的反思。[1]

第二，艺术与审美的作用是有限的。一方面，艺术品及审美对人的影响是有限的。这主要是因为审美体验受“前摄”的影响以及具有“滞后性”的特点，这一点我们在前面已经论述过了，此处不再赘述。另一方面，即使艺术及审美体验能够对个体产生彻底的升华作用，但是，正如赫勒所指出的，“我们的生活可以成为‘为我们的存在’的程度，并不完全甚至并不主要取决于主体”[2]。所以，“只要社会关系是异化的，日常生活就倾向于异化”[3]。

当然，社会关系与个体之间是一种辩证的关系。即使个体在改变生活方面不起主要作用，但是，赫勒仍然将“创造一个异化在其中成为过去的社会”的希望寄托于“过着有意义生活的自觉个体”。正如有学者所指出的，赫勒关于日常生活的讨论中包含着一个乌托邦的视角。[4] 只不过，她将乌托邦置于历史发展的趋势之中，放于现实之中，正如她所说：“这种乌托邦并非不可能……它可以被看作是取代现实的可实现的方案。”[5]

世界的发展从来就不是单维的，而始终是复杂的、矛盾的。在促进人的发展的同时会有压抑人的因素（或者如弗洛伊德意义上的“文明发展的代价”），同时又会出现对这种压抑的反抗。这种复杂性与矛盾性在现代以来的社会发展中表现得尤为突出。现代性固然追求绝对性、同

---

[1] Agnes Heller. Everyday Life. Routledge & Kegan Paul, 1984: 257.

[2] Agnes Heller. Everyday Life. Routledge & Kegan Paul, 1984: 265.

[3] Agnes Heller. Everyday Life. Routledge & Kegan Paul, 1984: 257.

[4] Michael Gardiner. Critiques of Everyday Life: An Introduction. Routledge, 2000: 152.

[5] Michael Gardiner. Critiques of Everyday Life: An Introduction. Routledge, 2000: 155.

一性，但是“巴别塔”终究是造不出来的。

现代休闲的发展、休闲的异化以及对抗休闲异化的种种因素正是在这种多重张力结构中同时并生的。作为现代性张力结构的总体表现的启蒙现代性与审美现代性，前者既是现代休闲最主要的促生力量，同时又要对休闲的异化承担主要责任，而审美现代性在这种张力结构中，一方面受惠于启蒙现代性，另一方面又主要是一种反抗与救赎的力量，它对抗着理性尤其是工具理性的全面入侵，对抗着现代性的“铁笼”，对抗着人的碎片化，形塑着“完整的人”，为人的自由自觉地发展提供广阔的空间，并为人营造出一个理想的乌托邦。这种张力关系贯穿着整个现代性的发展过程，从早期现代性、盛现代性一直到后期现代性。[1]这种张力关系在早期现代性阶段主要表现为对绝对理性的批判，在盛现代性阶段则表现为对工具理性的全面批判以及对审美乌托邦的遐想，在后期现代性阶段主要体现为对日常化和对民主精神的强调等。正是这种张力结构，为我们从不同角度、不同层次思考现代性条件下的休闲异化的救赎问题提供了丰富的资源。

尽管如此，审美现代性对于克服休闲异化来说，仍然存在着诸多明显的不足。

首先，审美现代性在批判启蒙现代性时，往往存在过度夸大其负面作用而过分强调审美的救赎作用。正如周宪所言，审美现代性的积极作用是在审美现代性与启蒙现代性的张力结构之中的作用[2]，离开了这种张力结构，或者简单地拒斥启蒙现代性，则审美现代性将失去自身的坐标，更谈不上其对克服休闲异化的救赎意义。

其次，审美现代性，尤其是在早期与盛现代性时期，具有明显的贵族倾向或“精英主义”倾向。而休闲异化则是一种普遍的现象，这种“精英主义”的审美显然难以担负起救赎休闲异化的重任。

[1] 周宪：《审美现代性批判》，商务印书馆，2005 年，第一章及相关论述。

[2] 周宪：《审美现代性批判》，商务印书馆，2005 年，导言第 10–11 页及相关论述。

再次，即使是在后期现代性阶段，审美的民主精神得到强调，提倡所谓“日常生活审美化”，但是很多学者往往将这种日常生活中的审美寄托于节日与狂欢之中的瞬间体验。尽管这种瞬间体验往往能起到震撼与唤醒主体意识的作用，从而克服休闲中的异化现象，但是，节日与狂欢并不是日常生活的常态，在这种瞬间体验之后，人们往往又恢复到日常被压抑与自我的迷失之中，异化的休闲依然无处不在。

最后，尽管审美在理想意义上能够统一感性与理性、自由与必然，但是，在其现实表现中，尤其是在后现代性时期，更多地强调其感性反抗作用，或者说更多地强调其感性价值，这一点固然对于克服工具理性意义重大，但很容易滑向对理性本身的拒斥，成为反理性。而我们认为，尽管休闲一般是以感性形式表现出来的，但是，理性是本真的休闲不可或缺的维度，这一点往往是强调审美救赎意义时容易忽略的。

当然，我们之所以指出审美救赎的诸多不足，完全不是否定审美对于克服休闲异化的意义，只是让我们更加清晰、全面地认识其作用的限度，从而以更为开阔的视野探寻克服休闲异化的路径。我们知道，休闲在现代社会中的异化是全面的，它既是人的异化在现代性条件下的典型表征，也是它与人的异化以及社会关系的异化之间有更为复杂的互为因果的关系的体现，所以，审美现代性是我们思考克服休闲异化问题的一个角度，但同时，我们还应该将这一问题思入更深、更广之处。

05

理想休闲及其实现

从现代性自身的张力结构出发，我们对现代性与休闲之间的辩证关系，或者说休闲在现代条件下的复杂的命运（其实也是人的命运的集中表现）进行了辩证的研究。我们既看到现代性对于休闲的积极意义，也看到它是休闲异化的根源所在，同时还看到在现代性内部的张力结构中有克服休闲异化的重要力量与资源。由此，我们也看到休闲异化与人的异化以及社会关系的异化之间是内在相关的。所以，本章将在前文研究的基础上，主要从休闲本身、个体以及社会关系三个层面，探讨如何克服休闲异化，建构本真的休闲。对于本真的休闲及其实现途径，学界已经有诸多讨论，所以在正面讨论之前，我们将首先对前人的讨论做批判性考察。

第一节　理想休闲及其实现途径的批判性考察

要深入地、批判地理解理想的休闲状态及其实现途径，我们认为可以从黑格尔的哲学，尤其是作为其“合理内核”的辩证法的角度来展开。黑格尔指出：“辩证法是现实世界中一切运动、一切生命、一切事业的推动原则。同样，辩证法又是知识范围内一切真正科学认识的灵魂”，“自然世界和精神世界的一切特殊领域和特殊形态，也莫不受辩证法的支配”[1]。所以有学者指出，黑格尔“不需要科学特有的思维方法或方式”，“黑格尔仅观察实在事物，描述他看到的东西，他看到的一切东西，也仅仅描述他看到的一切东西”，他仅限于观察和描述在历史过程中完成的辩证法，而不把它当作一种方法。[2]

所以，当我们实实在在地、而不是仅仅停留在我们主观去观察与研究休闲时（这正是黑格尔的方法，也被称为“现象学”的方法[3]），我

[1]　〔德〕黑格尔：《小逻辑》，贺麟译，上海人民出版社，2009 年，第 174–177 页。

[2]　〔法〕亚历山大・科耶夫：《黑格尔导读》，姜志辉译，译林出版社，2005 年，第 539–547 页。

[3]　〔法〕亚历山大・科耶夫：《黑格尔导读》，姜志辉译，译林出版社，2005 年，第 559 页。

们就能得出一种对休闲的辩证的认识。所谓辩证的认识，从黑格尔的启发来看，笔者认为最重要的，一是对事物的认识应从抽象的空洞上升到具体的丰富，二是将事物看作经过了中介和过程的整体，而不是停留于其直接性上，“任何事物在它的直接存在里都是没有真理性的”[1]。本节将以此为理论基础，对理想的休闲状态以及达到这种状态的途径做一些批判性思考。

一、理想的休闲状态

一般的休闲爱好者以及大多休闲研究者都将理想的休闲状态描述为：轻松、自由、惬意、闲适、超然、怡然自得等，中国的休闲研究者，尤其是受老庄思想影响的学者，更加强调休闲的逍遥。这些固然都是好的，固然都是休闲所要追求的，但是，如果从辩证法的角度来看，这里对理想休闲状态的闲适与自由的强调都显得抽象与形式化，缺乏具体与丰富的内容。

（一）休闲中的闲适

休闲所追求的境界固然是一种闲适，但闲适有两种，一种是自来闲适，一种是经过了“气象峥嵘、五色绚烂”之后的闲适。前者固然没有什么不好，但那只是一种抽象的、缺乏内容的、贫乏的闲适，是一种缺少反思，或者说缺少自我意识的闲适，某种意义上说它并非一种属人的状态，至多只是一种终将要被扬弃掉的人的自在状态，因为人之为人在于他有思想，正如黑格尔所言：“人之所以异于禽兽，且因而异于一般自然，即由于人知道他自己是‘我’。”[2]自在的闲适状态是一定要被扬弃的（而非简单的否定），即是经过否定之后被包含在一种更高的形式之中，也即被包含在达到自在自为的、具体而丰富的闲适之中的。正如古人云：“大抵欲造平淡，当自绚丽中来，然后可造平淡之境。落其

[1] 〔德〕黑格尔：《小逻辑》，贺麟译，上海人民出版社，2009年，第232页。

[2] 〔德〕黑格尔：《小逻辑》，贺麟译，上海人民出版社，2009年，第204页。

华芬，然后可造平淡之境。”[1]另外，禅宗有关于参禅三境界说：看山是山，看水是水；看山不是山，看水不是水；看山还是山，看水还是水。慧能大师在讲到自性五分法身香时，在讲过“解脱香”，即所谓“心无所攀缘，不思善，不思恶，自在无碍”之后，紧接着就是“解脱知见香”：“自心无所攀缘善恶，不可沉空守寂，即须广学多闻，识自本心，达诸佛理，和光接物……”[2]简单说来就是解脱世间烦扰达到“自在无碍”并非直接达到我们所追求的理想境界，“沉空守寂”更是不可取，而是要通过“广学多闻、识自本心”等达到“和光接物”。

这些论述虽然一是论说为文造句之道，一是论说参禅悟道之道，但对于我们理解理想的休闲状态中所谓的“闲适”都有着直接的借鉴意义。从黑格尔的辩证法思想来看，二者都体现了正—反—合的思想，体现了从抽象到具体的过程。著名的存在主义的黑格尔主义者科耶夫在论述黑格尔的辩证法思想时指出：

> 正题描述实在事物的统一性方面。正题揭示一个存在，把它当作给定物，把它当作是其所是、没有真正成为非其所是的一个静态存在。相反，反题描述实在存在的否定性方面。反题揭示一个（辩证的）存在，把它当作否定其所是和成为非其所是的运动……最后，合题描述作为整体性的存在。合题揭示一个（辩证的）存在，把它当作其活动的结果，通过这种活动，它作为给定的存在被取消，在这种取消中它意识到自己是给定的存在……和最初的给定物一样，这个成果存在着，只是它不是作为给定的东西存在，而是作为否定给定物的活动所创造的东西存在。[3]

[1] 葛立方：《韵语阳秋》，上海古籍出版社，1984年，第6页。
[2] 汪曾祺：《金刚经·坛经·心经》，陈秋平、尚荣译注，中华书局，2007年，第197页。
[3] 〔法〕亚历山大·科耶夫：《黑格尔导读》，姜志辉译，译林出版社，2005年，第572–573页。

同样是看山是山、看水是水，同样是平淡，但自在存在的正题与经过反题中介的合题，二者之间的区别近乎两极：正题是作为给定的存在，合题是经过了辩证否定后的自觉了的存在；正题是抽象的空洞，合题是具体的丰富。而休闲所要追求的闲适恰好是这种具有丰富内容的闲适，同时也是自觉到的闲适，而不是空洞无物的、自在状态（与自觉相对）的闲适。

（二）休闲中的自由

对于休闲中的自由的强调，几乎是所有休闲研究者的共识。如戈比对休闲定义中的“相对自由”[1]表述。布赖特比尔认为，“要举出休闲最突出的一个特征的话，那就是自由”[2]。凯利更是将其休闲研究的名著命名为《走向自由：休闲社会学新论》（*Freedom to be—A New Sociology of Leisure*）。潘立勇教授指出：“所谓休闲，就是人的自在生命及其自由体验状态，自在、自由、自得是其最基本的特征。”[3]凡此种种不胜枚举。当然，自由是休闲题中应有之义，没有自由谈不上休闲。“世界上没有强制性快乐”[4]，也没有强制性休闲。不过，自由的含义太过复杂，并非本书所能处理。但几乎所有对于休闲中的自由的强调都偏于浪漫主义的，差不多都是将自由等同于舒舒服服、无拘无束、天马行空或所谓“由自”“适从己意”等庄子式的自由[5]。这种境界本身或许是美好的，但这真的就是休闲所追求的自由吗？透过黑格尔对自由思想的论述来看，我们在休闲中所要追求的自由显然不是这样简单，或者更确切地说不是这样抽象的。

---

[1] 〔美〕杰弗瑞·戈比：《你生命中的休闲》，康筝译，云南人民出版社，2000 年，第 14 页。

[2] 〔美〕查尔斯·K. 布赖特比尔：《休闲教育的当代价值》，陈发兵、刘耳、蒋书婉译，中国经济出版社，2009 年，第 22 页。

[3] 潘立勇：《休闲与审美：自在生命的自由体验》，《浙江大学学报》（人文社会科学版）2005 年第 6 期，第 5–11 页。

[4] 〔美〕查尔斯·K. 布赖特比尔：《休闲教育的当代价值》，陈发兵、刘耳、蒋书婉译，中国经济出版社，2009 年，第 7 页。

[5] 邓晓芒：《思辨的张力——黑格尔辩证法新探》，商务印书馆，2008 年，第 251 页；邓晓芒：《邓晓芒讲黑格尔》，北京大学出版社，2006 年，第 155 页。

黑格尔在论述作为自由的一个环节的“意志自由”时指出，我们所说的自由，一般都是指任性或者任意，尽管这也可以看作自由的一个阶段或环节，但这种任性却不能被认为就是自由，真正的自由，应该是对任性的扬弃，将其仅仅作为环节包含于自身。[1]

正如黑格尔所指出的，这种自由只是一种表面上的选择自由、形式上的自由，其内容是外界所给予的。这种自由其实只是自我意识发展过程中的、由“主奴意识”发展而来的斯多葛主义的自由。在斯多葛主义的自由观中，人们追求的是一种没有生命的宁静，而不问是在宝座上或是在枷锁中；人们所享有的仅仅是一种单纯的思想中的自由，这种自由是没有充实内容的，并不能被看作自由本身。[2]所以说，这种退避的自由、这种停留在主观范围之内的自由并不是真正的自由，更不应该作为理想的休闲状态所追求的自由。

对于自由与必然之间的关系，黑格尔做了大量的论述。对于一般将自由与必然截然分开的观点（这正是在康德哲学中所存在的道德的自律性与自然的因果性之间的鸿沟），黑格尔认为将这二者区分开来，不仅是不错的而且是重要的，因为“必然作为必然还不是自由”[3]，将这二者区分开，正显示出知性思维的力量所在[4]，但将二者抽象地对立起来，却又显出知性思维自身的不足。其实，在辩证思维看来，不包含必然性的自由与没有自由的单纯必然性一样，都只是一些抽象而不真实的观点，黑格尔指出，“将自由与必然截然分开为二事，则二者皆失其真理性了”，“必然作为必然还不是自由；但是自由以必然为前提，包含必然性在自身内，作为被扬弃了的东西”。[5]

---

[1] 〔德〕黑格尔：《小逻辑》，贺麟译，上海人民出版社，2009 年，第 281 页。

[2] 〔德〕黑格尔：《精神现象学》，贺麟、王玖兴译，商务印书馆，1979 年，第 134–135 页。

[3] 〔德〕黑格尔：《小逻辑》，贺麟译，上海人民出版社，2009 年，第 299 页。

[4] 〔德〕黑格尔：《精神现象学》，贺麟、王玖兴译，商务印书馆，1979 年，第 20–21 页。“分解活动是知性（理解）的力量和工作，知性是一切势力中最惊人的和最伟大的，或者甚至可以说是绝对的势力。”

[5] 〔德〕黑格尔：《小逻辑》，贺麟译，上海人民出版社，2009 年，第 139 页、第 299 页。

综上两点，其实黑格尔对于自由任意的批判与对于自由与必然之间关系的论述可以做一体两面的理解。只有扬弃了必然性于自身之内的自由，才是超越单纯停留在主观性内的、抽象空洞的自由，也就是扬弃了自由任意的、具有充实内容的、具体的自由。正如黑格尔所言："一个有德行的人自己意识着他的行为内容的必然性和自在自为的义务性……正由于有了这种必然性与义务性的意识，他才首先达到真正的内容充实的自由，有别于从刚愎任性而来的空无内容的和单纯可能性的自由。"[1]

至此，我们在休闲中所追求的自由之何所指，应是十分清晰了。这种自由并不是退避到个人主观城堡中的斯多葛主义的自由，不是内容由外界所决定的、纯粹的形式上的选择自由。休闲所追求的自由是将这种形式自由包含于自身而又扬弃了这种自由的任意性与必然性的具体的自由，是具有丰富内容的，而且其内容也是由主体自由选择的实实在在的、活泼泼的自由。

二、达至理想休闲状态的路径

在现有关于休闲的研究中，关于如何才能达到理想的休闲状态或者说怎样才能获得休闲的研究，存在如下三个问题。

第一，对于如何达到理想休闲状态的研究非常之少，大部分都是关于休闲的意义、休闲的价值（尤其是休闲的经济与社会价值颇受重视）、休闲观念的演变、断代的休闲思想研究以及若干思想家的休闲研究等，至于达到理想休闲状态的路径的研究则似乎未受到应有的重视。

第二，即使有一些关于如何才能达到理想的休闲状态的研究，即对所谓的休闲制约的研究，也主要是针对一些外在的条件的改善，如闲暇时间、收入水平、公共政策、休闲设施、教育等外在制约因素的研究。这些因素固然是重要的，但这些因素只是影响人们休闲的外部条件，对于影响人们休闲的内在因素的研究显得不足。

[1] 〔德〕黑格尔：《小逻辑》，贺麟译，上海人民出版社，2009 年，第 299 页。

第三，虽然也有一些关于影响人们实现本真休闲的内在因素的研究，但是存在两个不足。一是显得过于笼统。如赵玉强在其博士后工作报告以及张晚林在其《“休闲”的奠基及其内涵》[1] 中都引用了阳明心学的一段重要论述。

崇一问：“寻常意思多忙，有事固忙，无事亦忙，何也？”先生曰：“天地气机，元无一息之停；然有个主宰，故不先不后，不急不缓，虽千变万化，而主宰常定：人得此而生。若主宰定时，与天运一般不息，虽酬酢万变，常是从容自在，所谓‘天君泰然，百体从令’。若无主宰，便只是这气奔放，如何不忙？”[2]

引者以此来论证，人要在繁忙之中获得休闲必须得要有所谓的“道”的主宰，或者说要有所谓“大我”亲临人之“在世”。说得很玄，显得很深刻，但究竟何谓道，何为大我，似乎又是只可意会不可言传，所谓“道可道，非常道”。

还有学者在谈到如何获得休闲时指出，“休闲的获得需要一种游戏精神。而游戏精神终极地说，是一种‘游’的心态。游有三义：达观、闲适、忘我”[3]。这种对游戏精神的解释，并没有让我们对于如何达到休闲有更清晰的认识。

二是在皮珀对于休闲的略显神秘主义的论述之中有所体现。在其《闲暇：文化的基础》一书中，他批判了工作至上的功利主义、工具主义的世界观，认为休闲应该超越工作的世界，休闲不应成为使人恢复精力从而更加高效地投入工作之中的工具，休闲也不是像工作一样努力就能获得的，而是要通过一种在崇拜中的敞开、领受的态度才能获得。他的批

[1] 张晚林：《“休闲”的奠基及其内涵》，《自然辩证法研究》2010 年第 9 期，第 71–77 页。

[2] 陆九渊、王守仁：《象山语录 阳明传习录》，上海古籍出版社，2000 年，第 198 页。

[3] 胡伟希：《生命与自由》，《新视野》2003 年第 5 期，第 73–74 页。

判是深刻而切中要害的，但是他所提出的获得休闲的途径，在基督徒看来或许是自然的，但对世俗之人来说却有神秘主义之嫌。

除以上三个问题之外，几乎所有关于如何获得休闲、达到理想的休闲状态的研究都有两个涉及思维方式的缺陷。

一是缺乏过程意识。似乎只要一有了“主宰”、有了“游”的心态，或者如皮珀所言，我们能把自己“敞开”，我们立刻就能达到理想的休闲状态。或许这些确实有助于我们获得休闲的体验，但任何休闲体验的获得都是有一个过程的，甚至可以说，休闲本身就是一个过程，最终所获得的体验是对之前过程的扬弃，而不是与之前的体验割裂开来的，之前的诸种体验都是以环节的形式被包含在最终的休闲体验之中的，没有之前的体验是不可能有最终的休闲体验的，尽管之前的体验单独看来并非一种休闲体验。休闲的这种过程涵盖了人们追求休闲的整个过程，包括对休闲的期待，为休闲所做的准备，休闲活动的过程，以及休闲活动之后的回忆与回想。在每个阶段人们的休闲体验都是不一样的。从休闲作为一种高峰体验的角度来看，这种高峰体验既有可能出现在对休闲的期待阶段，也有可能出现在休闲活动进行的过程中，甚至出现在休闲活动过后（可能是较长时间之后）的回味之中。

二是对休闲与劳作的关系的认识停留于形而上学的知性思维。虽然学界对于工作与休闲之间的关系的认识已经比较全面，已经有了大量的研究成果，但这不是本书所要讨论的休闲与劳作的关系，至少不与本书所讨论的休闲与劳作的关系相重合。本书所指的劳作，基本上是指皮珀在其《闲暇：文化的基础》一书中所提到的“卖力”。对于休闲和这种卖力的劳作之间的关系，目前学界研究得很少，或许都是认为这二者之间根本就是对立的，无需研究，只有皮珀将这种观点清晰地表达出来了。他指出：“对照于工作那种全然卖力意象的，则是闲暇‘不工作’的观物姿态。”[1]皮珀从基督教思想的角度，认为休闲的获得是与必须付出

[1] 〔德〕约瑟夫·皮珀：《闲暇：文化的基础》，刘森尧译，新星出版社，2005年，第43页。

努力之观念相对立的领受与接受恩赐。[1]我们认为，将休闲与劳作抽象地对立起来，从黑格尔的辩证思想来看，是一种典型的知性思维方式的结果。诚然，休闲所能给予我们的很多东西正如皮珀所说是要我们敞开去领受，但是真的只是这样就可以了吗？如果这样，为何我们还要去研究休闲，去发掘休闲的意义，去开展休闲教育，让更多的人了解休闲？正是因为，领受或许只是在最后的环节，只有在这一环节的意义上，皮珀所述“许多伟大真知灼见的获得，往往正是处在闲暇之时”[2]才是可接受的。因为，这一刻不是偶然到来的，这一刻的到来必然是经过了历练，经过了努力的过程。皮珀自己也指出人们之所以陷入无止境的工作至上的世界，其中一个很重要的原因是“个人内在的贫乏”[3]。这也说明，人要能超越工作世界，达到理想的闲适状态，必不可少的一个条件就是通过自身的努力而达到内在的丰富，否则如何去领受？所谓“海纳百川，有容乃大”，如果我们的内心十分的贫乏，那能领受什么、能领受多少？所以，要真正达到理想的休闲状态，不是一味地强调“无为”、强调“领受”，而是必须经过一种努力的过程，这样才能最终达到在外界看来只是毫不费力地领受的表象。黑格尔说：“每一个有学问的人，大都具有许多普遍的观点和基本的原则直接呈现在他的意识里，然而这些直接的观点和原则，也只能是反复思索和长时间生活经验的产物……直接知识实际上就是间接知识的产物和成果。”[4]在《精神现象学》中，黑格尔对这种以雅可比为代表的否定中介而主张直接知识的观点就已经做出过批评。黑格尔并不完全否认上帝的游戏，但是他强调，如果这样一种生命，如果不体现为一种严肃、痛苦、忍耐和劳作，它就是一种毫无作为的东西，一种干瘪乏味的东西。[5]

---

[1] 〔德〕约瑟夫·皮珀：《闲暇：文化的基础》，刘森尧译，新星出版社，2005年，第27页。

[2] 〔德〕约瑟夫·皮珀：《闲暇：文化的基础》，刘森尧译，新星出版社，2005年，第42页。

[3] 〔德〕约瑟夫·皮珀：《闲暇：文化的基础》，刘森尧译，新星出版社，2005年，第55页。

[4] 〔德〕黑格尔：《小逻辑》，贺麟译，上海人民出版社，2009年，第161页。

[5] 邓晓芒：《黑格尔〈精神现象学〉句读》，http://www.xiaomang.org/pdg。

同样，对于理想休闲状态的获得来说，也必然会是劳作与付出后的收获，单纯或过分强调所谓的游戏精神的话，难免会沦为一种干瘪无味的举动。

对于这一点奇克森特米哈依在描述畅的感觉时，做了更加明确的陈述："尽管人们在畅的体验中有一种毫不费力的感觉，但实际上它远并不是如此。它通常需要大量的体能，或是严格的心灵训练，需要高超的技巧，注意力稍一偏离，这种体验就会消失。"[1]

当然，努力的劳作本身并不是休闲，这里所指出的卖力的劳作对于理想休闲状态的达至的意义，正如在经过这种过程而最终达到的一种毫不费力的领受一样，都是作为环节而具有的意义。而且，作为达到休闲的环节的卖力的劳作也有其自身的特点，即这种劳作对于最终所要从事的活动来说，是不能超过活动者能力的，或者换句话说，这里的劳作所引起的是一种中等程度的紧张。不需要投入（身与心）的活动与尽最大的努力都无法做到的活动，都难给人以休闲的体验，正如奇克森特米哈依所谓的要达到畅的状态所需要的一种度的平衡："乐趣出现在无聊和焦虑两个端点之间，即出现于挑战与行动能力平衡的地方。"[2]

综上，所谓的理想的休闲境界，其为一种理想，在一定程度上是黑格尔的意义上的理想。理想绝不仅仅只存在于观念之中，或者说理想之所以成为理想，因为它具有合理性，正因此，它也是现实的（"凡是合理的都是现实的"），而并非仅仅是软弱的应当如此。当然这里的理想的实现并非实现于黑格尔的绝对精神之中，而是指实现在现实的人的生活之中。

但是，休闲理想的实现并非如皮珀所言"无法言传""神秘的""恩赐"的，这种意义上所实现的休闲，从严格意义上来说，甚至难以称得上是休闲，因为它在一定意义上排斥了人的自觉与自由。而没有人的自

[1] Mihaly Csikszentmihalyi. Flow: The Psychology of Optimal Experience. HarperCollins, 2008: 54.

[2] Mihaly Csikszentmihalyi. Flow: The Psychology of Optimal Experience. HarperCollins, 2008: 54.

觉，休闲是不可能存在的，正如格拉齐亚所言："除非人们理解了休闲，否则它将不存在。"[1]没有扬弃了任意与必然性的积极的自由，人本身都将被贬抑，更妄论休闲的实现。

第二节　走向本真休闲

皮珀在其休闲学名著《闲暇：文化的基础》中提出这样的问题，即：我们能否在工作至上的世界中为休闲保留或要求一些空间？这不只是星期天不工作的微末要求，而是希望能维持住真实而不受束缚的人性本质。[2]皮珀的问题也是本书最后想要探讨的问题。当然，我们的回答是肯定的。但我们在这里无法提供具体的人在具体的情境之下如何能克服休闲异化、达到一种本真的异化的具体方法，我们希望在对前文分析的基础上，即基于我们对于本真休闲的理解、基于我们对休闲异化的现代性根源的探寻，同时也是基于我们所揭示的审美现代性对于克服休闲异化的启发以及我们对理想休闲状态及其实现途径的批判，我们将会提出克服休闲异化、建构本真休闲的一些原则或希望所在。

这里难免会有一些泛化，但如果我们不是考虑解决个别问题而是希望能有普遍的适用性，则泛化是必需的，也是合理的。

我们将从休闲活动本身、个体生存以及社会宏观三个层面，探讨如何克服休闲异化、建构本真的休闲。前文已经详细阐述过，休闲是一个系统的存在，严格说来是无法将休闲的活动、休闲中的人以及休闲所处的社会文化关系分开来的，这里之所以这样分开仅为方便之故。

一、休闲活动本身的层面

从休闲活动本身来看，要克服休闲异化，实现本真的休闲，我们认

[1] Sebastian de Grazia. Of Time, Work and Leisure. The Twentieth Century Fund, 1962: 8.

[2] 〔德〕约瑟夫·皮珀：《闲暇：文化的基础》，刘森尧译，新星出版社，2005 年，第 48 页。

为至少有以下两方面值得深思。

（一）休闲与审美的融合

审美对于休闲的意义，以及二者之间的契合关系，前文已经做了大量的阐述。潘立勇教授明确指出，“休闲与审美之间有内在的必然关系”、“审美正是休闲的最高层次和最主要方式”、休闲是“审美境界的生活化”。[1] 这种契合关系或许可以用席勒的“游戏冲动”来概括，在席勒的阐述中，游戏和审美是二位一体的，只有在审美中才有游戏，只有游戏才是审美，当然这里面的概念都是在他的特定意义上使用的。我们几乎可以将休闲与审美的关系类比于席勒的游戏与审美的关系：无审美不休闲，无休闲不审美。

鉴于本书的目的，我们在这里想要重点关注的是如何实现休闲与审美的深度融合。

1. 审美作为休闲的基本维度

休闲异化是现代社会异化深化的表现，主要就是指本应成为人们自在存在之领域的休闲也完全陷落于工具理性与资本逻辑的全面裹挟之中，使休闲本身成了贬抑人的活动。所以克服休闲异化，构建真正与人的本真生存相契合的本真休闲，必须使休闲对于异化的现实能有适度的疏离和质的超越。而审美其自身无功利的愉悦、无目的的合目的性使其天然地能够疏离工具理性与功利的算计，同时审美对于现实又具有批判性，这些正是克服休闲异化所不可或缺的。

同时，在审美中，人的想象力得到极大的解放——正如康德所言：我们应该像诗人一样去欣赏夜空的静谧与浩瀚，像诗人一样来欣赏大海的宁静与汹涌[2]——诗人能将自身的想象力完全摆脱概念的束缚自由想象，而这种自由想象正是克服工具理性对人性的贬抑、实现本真的休闲

[1] 潘立勇：《休闲与审美：自在生命的自由体验》，《浙江大学学报》（人文社会科学版）2005 年第 6 期，第 5-11 页。

[2] 〔德〕康德：《判断力批判》，邓晓芒译，人民出版社，2002 年，第 110-111 页。

所必需的。没有想象力的自由舒展，就没有我们在休闲之中的创造性，更谈不上在休闲之中获得真知灼见。

值得强调的是，将审美作为休闲的基本维度，并不是要求每个人都要成为艺术家、在每种休闲活动中都要有艺术家的那种鉴赏眼光，这是不现实的，也是我们在前文所批判的审美现代性的精英主义倾向的表现。强调审美作为休闲的基本维度，实际是对本真休闲的一种更为具体化的阐述。对于本真的休闲，正如皮珀所言，我们在这个理性化的“工作至上”的世界中早已遗忘了它的含义，但是审美或许并没有遭遇休闲的命运。所以，我们强调休闲的审美维度，在某种意义上就是唤醒人们对于本真休闲的意识并践行之。

2. 审美作为一种休闲境界

将审美作为一种休闲境界，主要是指将审美中的感性与理性、自由与必然的和谐统一作为休闲追求的最高境界。如前所言，不可能每个人在每一休闲活动中都能像艺术家那样，但是“虽不能至，然心向往之”也能为我们克服休闲异化走向本真休闲提供一个方向，况且“心诚求之，虽不中，不远矣”。

同时，将审美作为一种休闲境界的另一个意思是提高艺术创作与欣赏在休闲活动中的比例。如果我们能更多进行艺术创作与欣赏，如文学、书画、摄影、音乐等，更多地以这些活动作为我们的休闲，我们的休闲境界就会在不知不觉中得到提升，无形中我们就能跳出资本逻辑尤其是文化工业为我们提供的以休闲为名的所谓的“休闲项目”的包围，更能够避免我们沉溺于一些不健康甚至有害的所谓的“休闲”之中。

（二）从重占有的休闲向重生存的休闲方式转变

现代休闲异化的一个基本表现是，人们的休闲方式是重占有而不是重生存的。“占有”与“生存”这一对概念是来自弗罗姆的《占有还是生存：一个新社会的精神基础》[1]，作者将重占有和重生存作为人的两种相互对立的生存方式。重占有的生存方式中，人与世界的关系是一种据为己有的关系；而重生存中的生存（being）是指人心中充满欢乐和创造性地去发挥自己的能力并与世界融为一体，这种生存方式的特征是积极主动地生存，积极地展现自己的愿望、才能和丰富的天赋。[2] 弗罗姆认为，我们的社会是一个完全以追求占有和利润为宗旨的社会，因此绝大多数的人过的都是一种重占有的生活，重生存的例子很少。我们认为，现代人的这种重占有的生存方式，突出地体现在休闲中。现代人的休闲，往往追求对休闲活动、休闲资源、休闲产品等的占有，如参加了哪些休闲活动、到过哪些地方、拥有哪些休闲装备等。某种意义上，这种对休闲的占有方式就是弗罗姆所说的对"死物"的爱，而不是对"活物"的爱。[3] 这种意义上的休闲，至多就是填满了人的空闲，包括时间上的、空间上的以及心理上的空闲。但是，从人的生存来看，这种休闲方式对人与世界的关系改变甚少，甚至是一种负向的改变——人逐渐地役于物，或者用弗罗姆的话说就是"闲暇被动"[4]。

所以，要克服休闲异化、建构本真的休闲，必须将休闲方式由重占有转变为重生存。我们在前文就已经强调过，人的本真存在是一种"去存在"，是一种"朝向未来"的开放的、积极创造的存在，所以与人的本真存在相契合的休闲方式必然是注重生命本身的丰富与发展，而不是对"死物"或"现成物"的占有，而应该注重人的内在共鸣，展示人生命力与创造力，是一种积极主动的创造，"这种主动性说的不是那种外在、身体的活动，不是忙忙碌碌，而是内心的活动，是创造性地运用人

[1] 〔美〕埃里希·弗罗姆：《占有还是生存：一个新社会的精神基础》，关山译，生活·读书·新知三联书店，1989 年，第 20 页。

[2] 〔美〕埃里希·弗罗姆：《占有还是生存：一个新社会的精神基础》，关山译，生活·读书·新知三联书店，1989 年，第 23 页。

[3] 〔美〕埃里希·弗罗姆：《占有还是生存：一个新社会的精神基础》，关山译，生活·读书·新知三联书店，1989 年，第 20 页。

[4] 〔美〕埃里希·弗罗姆：《占有还是生存：一个新社会的精神基础》，关山译，生活·读书·新知三联书店，1989 年，第 32 页。

的力量”[1]，只有这样的休闲方式才是属人的。

对于这种重生存的休闲方式，我想引用弗罗姆对于安息日意义的阐述来做进一步说明：

> 安息日不是一个休息日吗？就像一般人所理解的那样，人们起码可以有一天从繁忙的劳动中解放出来。安息日当然也是一个这样的休息日。安息日因具有这种功能而成为人类进化的伟大成就之一。但是，如果说这就是安息日的全部意义，那它在历史上也就不会起到我所说的那种中心作用，我们必须抓住这一制度的核心。安息日的关键并不在休息本身，不是说在哪一天要避免一切体力和脑力劳动；所谓的安息是说重建人与自然和人与人之间的完满的和谐关系……在安息日这一天，一个人好像一无所有，除生存之外，他没有任何目的。[2]

某种意义上说，重生存的休闲方式就应当如这里的安息日一样，它有休息的意思，但绝不仅仅是休息，其休息的意思最主要的是指一种不去攫取，不怀丝毫功利之心、占有之欲，而仅仅就是去生存，让生命自由地绽放，在这种自由绽放中体验生命超越有限步入无限，去建立与世界、与他人之间完美和谐的关系。

我们在这里并没有提创造性休闲、超越性休闲以及自由地休闲等，因为我们认为这些是我们想要达到的目标，而这里我们重点是从路径上做一些原则性探讨。我们认为，如果能够做到休闲与审美的真正的融合，能做到重生存地去休闲，则必然能使我们的休闲具有自由创造性、具有超越性。

---

[1] 〔美〕埃里希·弗罗姆：《占有还是生存：一个新社会的精神基础》，关山译，生活·读书·新知三联书店，1989 年，第 94 页。

[2] 〔美〕埃里希·弗罗姆：《占有还是生存：一个新社会的精神基础》，关山译，生活·读书·新知三联书店，1989 年，第 56–57 页。

二、个体生存的层面

正如席勒所言，只有当人是完整意义上的人时，他才游戏；而只有当人在游戏时，他才是完整的人。休闲与人的关系也是这样的，没有完整的、非异化的人同样也没有本真的休闲。关于完整的人的论述，古往今来无数先贤大哲都有过深刻的论述。本书针对前文所论述的造成休闲异化的根源，拟从以下三个方面来谈如何从个体生存的层面实现对休闲异化的克服，从而实现本真的休闲。

（一）本真的存在

当然本真的人含义非常丰富，从广义上来说，它也包括我们接下来将要阐述的丰富的人和自觉的人。但我们在这里仅仅从狭义上，针对休闲异化的个体原因来谈人的本真存在。

休闲异化从个体层面来看主要原因是现代性条件下个体的自我迷失，而这种自我迷失主要表现在两个方面，一方面是迷失于“常人”之中，另一方面是迷失于个人的封闭的城堡之中。所以我们认为，要克服这两个方面，就要同时做到本真的共在与本真的独处。这种本真的存在状态正如席勒所言，是当人安静地在自己的茅屋里能同自己交谈，而一旦走出茅屋就能同整个族类交谈的状态，只有在这种情况下，美的可爱蓓蕾才会开放。[1] 同样，我们认为只有这样本真的休闲才有可能。其实本真的共在与本真的独处是一而二、二而一的。没有本真的独处，人无法“同自己交谈”，缺乏一种独立的存在，这样的人只会被淹没在人群之中，而不可能是本真的共在；没有本真的共在，而只是消散于“常人”之中，这样的人甚至意识不到还有本真的自我存在，更妄论去真正地独处了。

对于如何实现本真的共在与本真的独处，海德格尔在《存在与时间》中提出了一种生存论的路径。在海德格尔看来，“在世界之中存在”是

[1] 〔德〕席勒：《审美教育书简》，张玉能译，译林出版社，2009 年版，第 84 页。

“此在”的基本建构，“此在本质上是共在”[1]，但是有两种共在，一种就是非本真的、“庸常的”共在，或者说作为“无名氏”“常人”而共在，这是大多数人的共在方式。另一种就是本真的共在。对于如何实现人的本真共在，海德格尔谈得非常多，但我们可以大致将其概括在他所谓的“生存论的唯我主义”这个概念之下[2]。具体说来，就是通过“畏”这种“现身情态”，将此在从其消散于“世界”的沉沦中抽回来，从而实现此在的个别化。而这种个别化，又是在世存在的个别化。[3] 从积极的方面看——“此在就这样无选择地由‘无名氏’牵着鼻子并从而缠到非本真状态之中”——“只有当此在本己地从丧失于常人之中的境况中把自己收回到它自己的面前时才能扭转上述情形”[4]。而此在能做出这种选择从而将自己收回到自己面前的契机在于“良知的呼唤”，“良知的呼唤具有把此在向其最本己的能自身存在召唤的性质”[5]，这种召唤并不把个体推进自己本身的某个内部，从而使之与“外部世界”隔绝起来，而是把自身带到当下有所操劳地寓于上手事物的存在之中，把自身推到有所操持的共他人存在之中，而这种共在又不是“模棱两可的、怀妒忌的约许和在常人及其所欲从事之业中的喋喋不休的称兄道弟”[6]。

尽管海德格尔的言说方式比较特别，但他对于本真的共在与本真的独处已经说得非常清楚。所谓本真共在就是要实现一种个别化的、生存论上的“在世界之中”，这种“在之中”既不是与世隔绝又不是混迹于

[1] 〔德〕马丁·海德格尔：《存在与时间》，陈嘉映、王庆节译，读书·生活·新知三联书店，2006年，第140页。

[2] 〔德〕马丁·海德格尔：《存在与时间》，陈嘉映、王庆节译，读书·生活·新知三联书店，2006年，第217–218页。当然，这种概括肯定是有过简之嫌，但基本精神应是与海德格尔的思想相符的。

[3] 〔德〕马丁·海德格尔：《存在与时间》，陈嘉映、王庆节译，读书·生活·新知三联书店，2006年，第218页。

[4] 〔德〕马丁·海德格尔：《存在与时间》，陈嘉映、王庆节译，读书·生活·新知三联书店，2006年，第308页。

[5] 〔德〕马丁·海德格尔：《存在与时间》，陈嘉映、王庆节译，读书·生活·新知三联书店，2006年，第309页。

[6] 〔德〕马丁·海德格尔：《存在与时间》，陈嘉映、王庆节译，读书·生活·新知三联书店，2006年，第340页。

常人之中，这种“在之中”与“在……之中”是有原则区别的，后者是如水在杯子中、衣服在柜子中等一个现成存在者在另一个现成存在者之中的意思，而本真共在的“在之中”具有一种存在建构的意义。[1]

当然对于如何实现这种本真的存在，海德格尔所谈“畏”“向死而生”等，我们在这里也无法提供更加具体的实现路径，或许这本身就是需要个体真正回到自己本身所寻求，我们在这里只能通过对这种存在的阐述从而引起主体的思索。

（二）丰富的存在

这里所指的丰富的存在，如果用弗罗姆的语言来说的话，就是重生存的存在方式中的丰富性，而不是重占有的存在方式中的丰富性。

我们已知，现代性条件下的休闲异化的根源之一就是个体贬抑，或者说个体内在的贫乏，所以要克服休闲异化，个体一定要是一个具有丰富内在性的个体。皮珀在《何谓哲思？》一文中指出：“‘内在’（就其本质意义看，一块石头的‘内在’指的只是其内部空间结构而已）——具有和外在世界产生关系的能力，具有‘内在’就是拥有建立关系的能力。”只有“内在”水平越高，其进入关系的能力才会越丰富和越强劲，属于其的关系场域也就越为宽广和深邃。[2] 在这种“内在”的构建中，哲思的作用至关重要。尤其是在这个感性至上的现代社会中，人们对待哲思的最好态度似乎也就是敬而远之了。但是正如帕斯卡的名言“人是会思想的芦苇”，思想的作用对于人而言无论怎么强调也不为过，而且这种作用也是审美所取代不了的。

另外，基于我们对于理想休闲境界及其达至途径的批判性思考，我们认为，对于人的内在丰富性，不仅应该强调在通常观念中那些被认为是积极的因素，如乐观、进取等，焦虑、不安甚至恐惧的情绪也会时有

---

[1] 〔德〕马丁·海德格尔：《存在与时间》，陈嘉映、王庆节译，读书·生活·新知三联书店，2006 年，第 63–64 页。

[2] 〔德〕约瑟夫·皮珀：《闲暇：文化的基础》，刘森尧译，新星出版社，2005 年，第 102–103 页。

出现，正如弗罗姆所指出的，“正如一个敏感和活着的人无法逃避悲伤一样，他也不能避免不安全感”，“生命就其思想与精神方面来说，必然是不安全和不确定的，只有我们出生，也将死去的事实才是确定的；只有当我们完全屈服于强大而且持久的力量，这种力量使人们无需做决定、冒风险和负责之时，才能有一种完全的安全。自由之人必然不安全；思维之人必然不确定”，“一个活的、有感情的人不能不哀愁，一生之中他多次感到悲伤”。[1] 笔者非常认同弗罗姆对于人的处境的这种辩证认识。这可能与其作为一名精神科医生有关，因为他实实在在地理解和见识了人类的不安全、人类的焦虑、人类的痛苦与悲哀，更因为他能正视这种焦虑与痛苦，不把这些作为人生的大敌，更不是浪漫主义式地追求所谓的安全、所谓的无忧无虑。是人，是个活生生的人，会感觉、会思考的人，他就会有忧虑、有悲伤。如果没有这些，人就是个麻木的人，他也就不可能有真正意义上的快乐、幸福。只会快乐的人那是“美妙的新世界”中注射了“嗦麻”的人[2]，甚至这样的人也会有不快乐，只有机器人才会只有快乐——如果我们完全设置好所谓的“快乐的条件”的话——但那还是我们讨论的范围吗？

现代社会在一定意义上就是在不断地给我们提供“嗦麻”式的快乐，而极力压制一些所谓的“消极”情绪，但是正如有学者所指出的那样：

> 这样一些情绪是生命的一部分（比我们现代人愿意相信的要大些）……如果可以说现代社会的抽象性使所有这些情绪都受到压抑，那么受压抑最深的就必定是那些我们所谓“消极”的情绪。“积极”的情绪，诸如爱情或喜悦，借流行艺术各种情绪夸张手段表现出来，这对精神造成的破坏，很可能比对这些情绪的直接压抑要厉害些。但是，有什么样的爱情会尝不到恐惧的痛苦，有什么样的喜悦不带

[1] 〔美〕埃里希·弗罗姆：《健全的社会》，蒋重跃等译，国际文化出版公司，2003 年，第 170–175 页。

[2] 〔英〕阿道斯·伦纳德·赫胥黎：《美妙的新世界》，孙法理译，译林出版社，2010 年。

> 懊悔的色彩？现代人比原始人更加远离他自己情绪的真相。一旦我们消除掉恐惧的震颤，消除掉因畏惧而生的汗毛直竖，或者由敬畏而生的颤抖，我们也就完全失去了神圣的情绪。[1]

对于这种作为人的存在的“基本处境”的负面情绪，我们还应该做到像梅在其关于焦虑的卓越研究中所指出的那样，要看到正常的焦虑不同于神经性焦虑[2]，它是可以被建设性管理的，也是有积极意义的：它是人的存在肯定自我以对抗非存在的一种体验，面对焦虑能使我们不再无聊，我们的心智更加敏锐，有焦虑就说明还有活力，这正像发烧一样，焦虑说明内在人格正处在一种积极的状态之中[3]。

我们这个时代既是一个“‘证明’焦虑的无所不在，就像晴天打伞一样，显然没有必要”[4]的时代，同时又是一个焦虑等负面情绪被压抑的程度最深的时代。所以在我们这个时代尤其需要正视它们的存在，同时也要看到这些情绪的积极意义所在。当然与休闲本身所具有的创造性意义不同，这些负面情绪本身不能被认为是有价值的，但是其作为人类的基本处境，或者也可以说是人存在的命运，否定它们的存在就是否定人的完整性。我们需要做的是在承认其存在的前提下，对其进行“建设性管理”从而让人回归本真的丰富存在。

（三）自觉的存在

异化深化的最突出表现就是个人对异化的漠然甚至是认同。所以，克服异化至关重要的是要唤醒人对异化的自觉，从更广泛的意义上说，是对人的存在本身的自觉。当然，本真的独处与共在，以及实现人的存

[1] 〔美〕威廉·巴雷特：《非理性的人》，段德智译，上海译文出版社，1992年，第177–178页。

[2] 罗洛·梅对正常焦虑与神经性焦虑的特征进行了概括，认为正常的焦虑具有这些特质：①与客观的威胁不会不成比例；②不涉及压抑或其他内在心灵冲突的机制；③不需要启动神经性防卫机制来管理的焦虑；④能够在意识觉察层次上建设性地对待。而神经性焦虑的特质包括：①它所反映的威胁与客观危险不成比例；②会有压抑和其他心灵冲突的形式；③产生许多形式的退缩行动与警觉。（〔美〕罗洛·梅：《焦虑的意义》，朱侃如译，广西师范大学出版社，2010年，第175–179页。）

[3] 〔美〕罗洛·梅：《焦虑的意义》，朱侃如译，广西师范大学出版社，2010年，第2页。

[4] 〔美〕罗洛·梅：《焦虑的意义》，朱侃如译，广西师范大学出版社，2010年，第4页。

在的丰富性都是人的自觉的表现，我们在这里想强调的是，尽管以工具理性为主要特征的启蒙理性以及由其所塑造的功利化、科层化的社会关系是现代性条件下休闲异化甚至人的异化的最主要根源所在，但是这些作为“自在的”类本质对象化，是我们作为“被抛”的个体所必须面对的。赫勒也告诉我们，离开了这些具有重复性、实用主义、过分一般化、经济化等特征的实践与思维模式，个体甚至是无法生存的，对个体来说，对异化的超越只能采取同这种“自在的”类本质的自觉关系的形式。[1]这种自觉存在的表征就是个体对工具理性的积极意义以及它的局限性有明确的认识，知道在什么时候需要抛弃这种工具理性的算计，而以价值理性作为自己行动的指引，明确意识到日常实践与思维中存在着一些固定的模式，并知道什么时候需要抛弃这些固有模式而进行创造性的探索，明确意识到作为科层制中的个人应该履行的职责，以及科层制下的工作对于自己的生存与发展的重要意义，但不将自己完全消融在固定的职位之上，明确意识到资本逻辑与大众传媒的裹挟作用，但同时能善于利用资本与现代媒介的力量。

总之，我们在这里强调的自觉的存在，主要就是指对于作为推动现代性发展的巨大力量的工具理性与资本逻辑要保持自觉，从而为个体赢得在异化的框架之中反抗异化、走向本真的可能性。

三、社会宏观的层面

克服异化，包括休闲异化，不可或缺的一个层面就是社会宏观的层面。但是由于其中涉及的主要是社会与政治实践层面的问题，并不是本书力所能及的，所以关于这一方面，我们只能提出一些原则性的设想。

（一）落实与保障公民的休闲权利

联合国大会通过的《世界人权宣言》对休闲作为人类的一项基本权利有明确的规定，即“人人有享有休息和闲暇的权利，包括工作时间有

[1] Agnes Heller. Everyday Life. Routledge & Kegan Paul, 1984: 256–257.

合理限制和定期给薪休假的权利”。

《休闲宪章》第一条明确，无论是成人还是儿童，人人均有权享有充分的休息时间以及参与休闲活动的时间。

尽管这些规定不具有强制性的法律效力，但是它代表了人类对于休闲作为一项基本人权的普遍共识。

（二）改善休闲环境

休闲环境既包括自然生态环境也包括社会环境。大自然原本为我们提供了富足而美好的休闲资源，但是随着人类社会的发展，尤其是工业革命以来的迅猛发展，人类对自然的破坏是触目惊心的，甚至连作为生存基本资源的空气、土壤与水等都遭受了严重的破坏。所以保护与改善自然环境对于实现本真休闲来说已经刻不容缓。休闲本义中就具有人与自然和谐相处的意思。所以对于休闲的自然环境的改善既需要我们对已遭破坏的环境进行修复，也需要我们对大自然保持敬畏，不要“妄为”，尤其是不能把大自然当作被主体的人开发利用的、作为“客体”的资源来对待，而应该与自然保持一种“主体际性”，真正地实现与自然交流，与自然融为一体，欣赏自然、爱护自然，让自我和自然在这种和谐的关系中实现本真的存在。

改善休闲的社会环境，一方面是要尽力清除那些有害的甚至非法的所谓的休闲，如一些宣扬暴力的游戏、吸毒、色情活动等。另一方面是通过多方力量，包括政府、企业以及社会团体等，为人们的休闲活动提供丰富多样的设施与项目，如博物馆、图书馆等文化休闲场所，游步道、骑行道等体育休闲设施，以及富有文化与审美气息的各种文娱活动，尤其是要在村镇以及城市的社区等基层开展丰富的文娱活动。

（三）发展休闲教育

我们认为，建构本真休闲的一个重要障碍是人们对于休闲价值的认识，普遍来看是有问题的。正如皮珀在《闲暇：文化的基础》中所指出的那样，人们已经遗忘了休闲本义，误解了休闲的价值，在一定程度上将休闲等同于无所事事，至多也就是对于恢复体力有一定意义。而要改变这种现状，除依靠个人的自觉之外，发展休闲教育至关重要。但实际情况却是，我们的教育尤其是高等教育主要是以培养人的职业素养与技能为目标，休闲教育只在发达国家和地区，如北美和欧洲得到了相当程度的重视[1]，但是对于发展中国家以及更加落后的国家和地区来说，尚未引起足够的重视，至多只能说是刚刚起步。

什么是休闲教育？著名休闲研究者布赖特比尔对其做了如下界定：

> 休闲教育是要使人在休闲中感到满足并生活得有意义。它是针对工作及其他维持生计的活动之外的目的的教育。休闲教育是让人们正式或非正式地学习利用自由支配时间以获得自我满足，并将个人才能发挥到极致，从而使自由支配时间有助于提升人整体的生活质量。休闲教育从价值观、兴趣、欣赏力和技能开始，包括各种休闲机能。它不光指明休闲的方式和时间，而且指明其原因。它主要的教育目的是让人们培养博大的人格。[2]

具体来看，休闲教育一方面是通过在学校设立相关的专业与开设相关课程，通过系统的休闲理论与实践的教育，培养学生树立正确的休闲观与浓厚的休闲兴趣，掌握一定的休闲技能，以及一定的休闲组织与管理能力，使其在今后的人生中，能够过一种本真的休闲生活，从而实现丰盛的个体生命，同时又能够通过自身的休闲知识以及休闲组织与管理技能，引导与帮助更多的人从异化的休闲走向本真的休闲。休闲教育的另一方面是在社会教育的层面，通过对资本逻辑的引导以及借用大众媒介的力量，传播积极健康的休闲观念与休闲方式，营造出良好的休闲文

---

[1] 〔英〕克里斯·布尔、杰恩·胡斯、迈克·威德：《休闲研究引论》，田里、董建新等译，云南大学出版社，2006 年；程遂营：《北美休闲研究：学术思想的视角》，社会科学文献出版社，2009 年。

[2] 〔美〕查尔斯·K. 布赖特比尔：《休闲教育的当代价值》，陈发兵、刘耳、蒋书婉译，中国经济出版社，2009 年，第 61 页。

化氛围，使更多的人在潜移默化中受到更好的休闲教育。

当然，对于本真的休闲的构建来说，休闲活动层面、人的生存层面以及社会宏观层面是分不开的，任何休闲活动都是人的活动，也都是在一定的社会条件下开展的活动，正如我们对休闲的界定所揭示的，休闲本就是一个系统性的活动，它既是内部各因素相互影响的系统，又是与人的生存以及整个社会系统相互影响的。因而，本真的休闲的构建，无疑是一个需要以系统思维来考虑的问题，需要统筹考虑休闲主体、休闲客体、休闲过程、休闲环境等诸多因素。同时，构建具有系统论特征的本真的休闲也是一个开放的问题，其中需要以及值得探讨的课题是没有止境的，我们在这里只是就笔者认为是至关重要的或者是容易被忽略的问题做了一些探讨，无心求全，只希望能对克服现代性条件的休闲异化问题有些许启发与贡献。

余　论

尽管我们用了大量的篇幅论证休闲异化甚至人的异化本身，其根源是在于现代性，尤其是启蒙现代性的负面效应。但是，我们的讨论必须再进一步，正如哈贝马斯所谓的“现代性——一项未完成的设计”[1]，对于当下中国来说更是如此。

对于中国来说，现代性以及社会现代化的发展，尤其是工具理性的过度膨胀、资本逻辑的全面裹挟以及人的自我迷失等，是造成当下中国人的休闲异化的根源所在。但是，不容否认，中华人民共和国成立以来，尤其是改革开放以来，中国人的休闲生活取得了长足的进展。首先，随着我们国家经济建设的持续快速发展，人们的收入水平和社会保障水平都有极大的提高，人们的休闲生活获得了有力的物质保障。其次，从时

[1] 〔德〕于尔根·哈贝马斯：《现代性的哲学话语》，曹卫东译，译林出版社，2011年，前言第1页。

间保障来看，我国从1995年开始实行每周5天工作制，每周有2天的法定休息日，同时国家还设定了多个公众假日，如国庆、春节、元旦等都有1—3天不等的假期，另外还从法律层面规定了职工的带薪休假制度，保证了居民有足够的闲暇时间。最后，从观念层面来看，人们对休闲的重视程度在不断提高，甚至将休闲作为衡量生活品质的一项重要标准。综合这些因素，完全可以说我们正在进入普遍有闲的社会。

能有这样的局面，与现代性观念在中国的发展以及我们对社会现代化的不懈追求是分不开的。在某种意义上，正是由于近代以来我们不断地在探索中深化对现代性与现代化的认识，包括对物质层面的现代化、制度层面的现代化以及观念层面的现代化等认识的不断深化，并将这种认识不断地付诸实践，才能有当下经济、社会、政治、文化等各方面的和谐发展，才能有当下迈向普遍有闲社会的良好趋势。

但是，当下中国仍然存在着诸多制约休闲发展的因素，主要有以下三个方面。

其一，物质富裕程度的制约。尽管我们的经济总量已经处于世界第二的水平，如期进入全面建成小康社会，绝对贫困问题得到历史性解决，但是我们离普遍有闲社会所要求的共同富裕仍有很长的路要走。“我国发展不平衡不充分问题仍然突出，城乡区域发展和收入分配差距较大。新一轮科技革命和产业变革有力推动了经济发展，也对就业和收入分配带来深刻影响，包括一些负面影响，需要有效应对和解决。”[1]

其二，时间宽裕程度的制约。根据中国社会科学院发布的《休闲绿皮书：2018—2019年中国休闲发展报告》《休闲绿皮书：2019—2020年中国休闲发展报告》，制约中国民众享受休闲生活的首要因素是时间，其中尤以带薪休假制度落实不力最受关注。我国于2008年确立了带薪休假制度，国务院2013年印发《国民旅游休闲纲要（2013—2020年）》，

[1] 习近平：《扎实推动共同富裕》，《中国民政》2021年第20期，第4–7页。

提出到2020年职工带薪年休假制度基本得到落实的目标。《职工带薪年休假条例》规定，职工累计工作已满1年不满10年的，年休假5天；累计工作满10年不满20年的，年休假10天；累计工作满20年的，年休假15天。比较来看，欧盟规定所有欧盟国家的法定带薪年休假最低为20个工作日（或4周），法国、英国、奥地利、丹麦、芬兰、瑞典等国家都规定了远高于欧盟最低水平的法定带薪年休假方案。[1]因此，我国带薪年休假时长相对于发达国家的水平来看仍然是比较短的，尤其是对于参加工作时间不长的中青年来说。但是，比休假时间相对较短更为严重的是落实难的问题。统计数据显示，仅有51.6%的人有带薪年休假且可以自主安排，23.5%的人没有带薪年休假，19.6%的人有带薪年休假但不能自主安排，5.3%的人有带薪年休假但不能休。[2]因此，尽管国家发展改革委、文化和旅游部已于2022年发布新版《国民旅游休闲发展纲要（2022—2030年）》，职工离实现普遍带薪休假的目标仍有相当长的路要走。

其三，休闲学术研究滞后的制约。西方的休闲研究拥有专门的学术期刊、研究人员、教育及研究机构，休闲理论的研究不断发展和深入[3]，呈现出跨学科、多领域的态势，已基本实现了学科的建制化[4]，相比较而言，国内休闲学起步较晚，尽管队伍日渐壮大，但作为一门独立学科建构未引起足够重视，以至于制约了学科自身的进一步发展[5]，尚处在前学科阶段，呈现明显的碎片化特征，未形成统一的知识体系[6]。

其四，休闲教育普及程度的制约。尽管居民的休闲需求已经呈井喷式增长，但是，从总体上看，休闲教育尚未普及。虽然国内已有不少高

[1] 中国旅游研究院：《中国休闲发展年度报告2019》，旅游教育出版社，2019年，第118页。
[2] 宋瑞：《2019—2020年中国休闲发展报告》，社会科学文献出版社，2020年，第33页。
[3] 庞学铨：《休闲学的学科解读》，《浙江学刊》2016年第2期，第68–73页。
[4] 庞学铨、程翔：《休闲学在西方的发展现状与未来——基于知识图谱的学科建制视角》，《浙江大学学报》（人文社会科学版）2020年第1期，第176–193页。
[5] 庞学铨、彭菲：《反思文旅融合视域下休闲学科的发展》，《旅游学刊》2019年第12期，第5–7页。
[6] 宋瑞：《2018—2019年中国休闲发展报告》，社会科学文献出版社，2019年，第26页。

等院校开设了休闲相关专业或课程，如休闲旅游、休闲经济、休闲体育等，甚至已经有专门的“休闲学”专业，但是，从整个教育体系来看，尤其是在基础教育阶段，学校教育中的休闲教育学习时间被挤压、休闲教育的地位被贬低。传统的休闲观念虽已有很大改变，但是休闲观念落后、休闲方式单调、休闲知识和技能缺乏、错误的休闲价值观等现象仍然普遍存在。积极健康的休闲观念的普及程度仍然不高，专业的休闲策划与管理人才相对缺乏。正如有学者所指出的：“从事教育和学习的人不休闲，教师如此，学生更是如此，特别是未成年的儿童，既要经历学校的快节奏学习生活，完成繁重的家庭作业，还得参加各种特长班、补习班。现行的教育过程与内容没有休闲教育的空间，甚至与休闲直接相关的体育课，也成了功利化、目标化的学习活动。”[1]

因而，对于正处在并将长期处在“社会主义初级阶段”的中国来说，要促进国民休闲的发展，仍面临着进一步发展社会生产力的任务，面临着进一步改进、完善和落实各项制度的任务，包括大力发展休闲教育等诸多任务。面对这样的情况，正如庞学铨先生所指出的，我们“应该反思启蒙在西方社会以及在中国现当代社会中所导致的弊端，与继承发扬启蒙的合理思想与精神区分开来，要反对整体化简约化和一般化抽象化的方法，从现实的历史语境出发，看待当代中国需要什么样的启蒙这个问题”，“中国现代化进程仍然需要科学理性、市场经济”。[2] 具体来说，我们认为，在当下中国，从宏观层面来看克服休闲异化、促进休闲健康发展，尤其应该做好以下几个方面。

第一，不断提高国民收入水平。继续保持经济持续稳定增长，促进国民收入水平的持续稳定提高。推动更多低收入人群迈入中等收入行列，扩大中等收入群体比重，增加低收入群体收入，合理调节高收入，取缔

---

[1] 庞学铨：《休闲学的学科解读》，《浙江学刊》2016 年第 2 期，第 68–73 页。

[2] 庞学铨：《当代中国需要什么样的启蒙》，《浙江学刊》2009 年第 1 期，第 33–40 页。

非法收入，形成中间大、两头小的橄榄形分配结构。[1]

第二，加强休闲制度与政策的系统性供给。对涉及国民休闲权利有关的休假制度、劳动制度、财政与税收等相关制度进行系统性重塑，将分属不同行政部门的分散制度进行归拢，建立系统的休闲制度与政策体系[2]，确保国民休闲权利得到充分保障。

第三，加强休闲教育。从顶层设计上，将休闲教育纳入整个国民教育体系，提高休闲教育在国民教育体系中的地位，开设更多的休闲相关专业与课程，加强休闲相关专业人才的培育。

第四，加强休闲理论研究。休闲事业的发展，离不开系统规范的休闲学理论的引领和指导。由于休闲研究具有很强的学科交叉性，因此需要从哲学、社会学、心理学、经济学、管理学、教育学等众多学科视角，开展包括人的休闲认知、休闲需求、休闲行为等在内的休闲现象研究，在此基础上逐渐形成以休闲现象为基础和出发点的休闲学核心理论体系，诸如休闲存在、休闲价值、休闲认同、休闲动机、休闲体验、休闲制约等[3]。对于中国语境中的休闲研究来说，需要“从中外休闲异同的恰当比较中把握中国休闲文化的特色；从中国休闲文化中提炼出具有标识性的概念；与中国社会现实紧密结合”[4]，形成中国特色休闲话语体系[5]。

第五，完善休闲设施并提升服务质量。休闲作为人民群众美好生活的重要体现，兼具产业与事业属性。各级政府应加大财政投入力度，从全国来看，应加大中央财政转移支付力度，解决各地尤其是不发达地区和农村休闲公共设施和服务不足的问题，强化地方政府休闲管理职能[6]，不断优化休闲空间、丰富公共休闲产品供给、完善休闲设施、提

[1] 习近平：《扎实推动共同富裕》，《求是》2021年第20期，第4–8页。
[2] 宋瑞：《2019—2020年中国休闲发展报告》，社会科学文献出版社，2020年，第23页。
[3] 庞学铨、彭菲：《反思文旅融合视域下休闲学科的发展》，《旅游学刊》2019年第12期，第5–7页。
[4] 庞学铨：《实践呼唤系统规范的休闲学》，《中国社会科学报》，2017年1月24日第8版。
[5] 庞学铨、程翔：《休闲学在西方的发展：反思与启示》，《浙江社会科学》2019年第4期，第80–86页。
[6] 宋瑞：《2018—2019年中国休闲发展报告》，社会科学文献出版社，2019年，第26页。

升服务质量。

而无论是经济发展、法治建设，抑或是教育文化事业的发展，都离不开科学理性、离不开资本与市场等现代性的力量。

现代性作为一项未竟之事业，不仅对于中国具有特殊意义，而且也有其普遍意义。

首先，我们同意很多学者关于后现代性与现代性之间并非断裂而是连续的观点，或者认为后现代是现代性从远处注视自己的观点。后现代主义所主张的诸如差异、多元、地方性等，可以说早就已经存在于与启蒙现代性形成张力关系的审美现代性之中了，尽管后现代性与审美现代性还是存在很多不同的，但是，我们完全可以说后现代性是现代性自身的一个发展阶段，后现代性的继续发展在一定意义上就是现代性自身的发展。

其次，即便对于被认为是造成现代性诸多弊病的启蒙现代性，仍然有其存在的价值，或者说永远有其存在的价值。因为，尽管现代以来人类社会已经取得了迅猛的发展，但是，从全球范围来看，人类仍然面临着发展不均衡的问题，饥饿、匮乏、疾病、自然灾害等仍然是我们需要面对的问题，这些问题的解决都离不开科学、理性，在一定意义上也离不开市场经济、离不开资本的力量。

具体到休闲问题中，我们同样可以说现代性是未竟之事业。在现代化的发展过程中，无论是闲暇时间的增加、休闲选择的增加还是休闲管理的现代化，其中不可忽略的是，工具理性仍然对人具有压抑作用，而资本由于其自身的强大逻辑，一刻也不会懈怠其无限增殖的欲望。但是这些仍只是现代性作用的一个方面。从为休闲发展提供客观条件这一点来看，我们仍然不能否定其积极作用。而且由于现代性内部始终存在着启蒙现代性与审美现代性的张力，其作为对抗启蒙现代性的负面作用也始终存在着。

我们认为，无论是启蒙现代性的积极作用的发挥，还是审美现代性作为一种救赎的存在，要实际地成为促进人们从异化休闲走向本真休闲，仍然还是需要人本身能更加本真与自觉地“去存在”。正如我们前文所强调的，本真的休闲与人的本真存在是一而二、二而一的。尽管作为一种实然来看，现代性是休闲异化的根源所在，但这并不能说明现代性必然导致休闲异化，总体上我们更倾向于认为：

其一，现代性由于其所创造的客观条件，会进一步促进休闲的发展。

其二，人类自身总是在不断地发展的，所以现代性一方面固然会压抑人，但另一方面也会促使人性更深的觉醒。

因而，我们愿意抱持一种谨慎乐观的态度来看待现代性，看待现代性条件下的人的休闲以及人的生存。

参考文献

中文文献

R.H. 托尼：《宗教与资本主义的兴起》，赵月瑟、夏镇平译，上海：上海译文出版社，2006 年。

阿道斯·伦纳德·赫胥黎：《美妙的新世界》，孙法理译，南京：译林出版社，2010 年。

阿尔布莱希特·维尔默：《论现代和后现代的辩证法：遵循阿多诺的理性批判》，钦文译，北京：商务印书馆，2003 年。

埃里希·弗罗姆：《健全的社会》，蒋重跃等译，北京：国际文化出版公司，2003 年。

埃里希·弗罗姆：《逃避自由》，刘林海译，北京：国际文化出版公司，2000 年。

埃里希·弗罗姆：《占有还是生存：一个新社会的精神基础》，关山译，北京：生活·读书·新知三联书店，1989 年。

艾伦·布卢姆：《美国精神的封闭》，战旭英译，南京：译林出版社，2007 年。

爱德华·策勒尔：《古希腊哲学史纲》，翁绍军译，济南：山东人民出版社，1996 年。

安东尼·吉登斯、乌尔里希·贝克、斯科特·拉什：《自反性现代化：现代社会秩序中的政治、传统与美学》，赵文书译，北京：商务印书馆，

2001 年。

安东尼·吉登斯：《现代性的后果》，田禾译，南京：译林出版社，2000 年。

安东尼·吉登斯：《现代性与自我认同：现代晚期的自我与社会》，赵旭东、方文译，北京：生活·读书·新知三联书店，1998 年。

奥尔曼：《异化：马克思论资本主义社会中人的概念》，王贵贤译，北京：北京师范大学出版社，2011 年。

奥古斯丁：《忏悔录》，周士良译，北京：商务印书馆，1963 年。

查尔斯·K. 布赖特比尔：《休闲教育的当代价值》，陈发兵、刘耳、蒋书婉译，北京：中国经济出版社，2009 年。

查尔斯·泰勒：《现代性之隐忧》，程炼译，北京：中央编译出版社，2001 年。

常绍舜：《从经典系统论到现代系统论》，《系统科学学报》2011 年第 3 期。

陈嘉映：《海德格尔哲学概论》，北京：生活·读书·新知三联书店，1995 年。

陈美爱：《基于休闲学视角的市民幸福感研究——以杭州为例》，浙江大学博士学位论文，2013 年。

陈霞：《现代休闲：异化及伦理救赎》，《学术界》2012 年第 7 期。

程遂营：《北美休闲研究：学术思想的视角》，北京：社会科学文献出版社，2009 年。

大卫·休谟：《人性论》，关文运译，北京：商务印书馆，1980 年。

丹尼尔·贝尔：《资本主义文化矛盾》，严蓓雯译，南京：江苏人民出版社，2007 年。

邓晓芒：《康德〈判断力批判〉释义》，北京：生活·读书·新知三联书店，2008 年。

邓晓芒：《康德哲学诸问题》，北京：生活·读书·新知三联书店，

2006 年。

邓晓芒：《思辨的张力——黑格尔辩证法新探》，北京：商务印书馆，2008 年。

恩斯特·卡西尔：《人论》，甘阳译，上海：上海译文出版社，2004 年。

费尔巴哈：《基督教的本质》，荣震华译，北京：商务印书馆，1984 年。

冯·贝塔朗菲：《一般系统论：基础、发展和应用》，林康义等译，北京：清华大学出版社，1987 年。

冯钢：《马克斯·韦伯：文明与精神》，杭州：杭州大学出版社，1999 年。

格奥尔格·卢卡奇：《历史与阶级意识：关于马克思主义辩证法的研究》，杜章智、任立、燕宏远译，北京：商务印书馆，1999 年。

哈特穆特·罗萨：《新异化的诞生：社会加速批判理论大纲》，郑作彧译，上海：上海人民出版社，2018 年。

赫伯特·马尔库塞：《单向度的人：发达工业社会意识形态研究》，刘继译，上海：上海译文出版社，2008 年。

赫伯特·马尔库塞：《审美之维》，李小兵译，桂林：广西师范大学出版社，2001 年。

黑格尔：《精神现象学》，贺麟、王玖兴译，北京：商务印书馆，1979 年。

黑格尔：《美学》，朱光潜译，北京：商务印书馆，1997 年。

黑格尔：《小逻辑》，贺麟译，上海：上海人民出版社，2009 年。

黑格尔：《哲学史讲演录》，贺麟、王太庆译，北京：商务印书馆，1959 年。

亨利·柏格森：《创造进化论》，高修娟译，合肥：安徽人民出版社，2013 年。

侯才：《有关“异化”概念的几点辨析》，《哲学研究》2001 年第

10 期。

胡伟希、陈盈盈：《追求生命的超越与融通：儒道禅与休闲》，昆明：云南人民出版社，2004 年。

胡伟希：《生命与自由》，《新视野》2003 年第 5 期。

基托:《希腊人》,徐卫翔、黄韬译,上海: 上海人民出版社,1998 年。

姜飞：《鲸的死亡：假肢社会的审美批判》，《思想战线》2006 年第 3 期。

蒋政音、向以馥:《休闲及其异化探析——基于制度经济学的视角》,《理论探索》2010 年第 2 期。

杰弗瑞·戈比：《你生命中的休闲》，康筝译，昆明：云南人民出版社，2000 年。

卡尔·雅斯贝斯：《时代的精神状况》，王德峰译，上海：上海译文出版社，2013 年。

卡洛琳·麦茜特：《自然之死：妇女、生态和科学革命》，吴国盛等译，长春：吉林人民出版社，1999 年。

康德:《历史理性批判文集》,何兆武译,北京: 商务印书馆,1999 年。

康德：《判断力批判》，邓晓芒译，北京：人民出版社，2002 年。

克里斯·布尔、杰恩·胡斯、迈克·威德:《休闲研究引论》，田里、董建新等译，昆明：云南大学出版社，2006 年。

劳伦斯·卡洪:《现代性的困境: 哲学、文化和反文化》，王志宏译，北京：商务印书馆，2008 年。

雷蒙·威廉斯：《关键词：文化与社会的词汇》，刘建基译，北京：生活·读书·新知三联书店，2016 年。

李健：《审美乌托邦的想象：从韦伯到法兰克福学派的审美救赎之路》，北京：社会科学文献出版社，2009 年。

李遥、耿刘从：《马尔库塞美学思想论》，《北京社会科学》1988 年第 1 期。

刘海春：《休闲教育：个体生命与生活世界的需求》，《自然辩证法研究》2006 年第 8 期。

刘海春：《休闲教育的失位、错位与归位》，《自然辩证法研究》2007 年第 4 期。

刘小枫：《现代性社会理论绪论：现代性与现代中国》，上海：上海三联书店，1998 年。

刘小容：《休闲教育：高校思想政治教育的新视角》，《南京政治学院学报》2013 年第 3 期。

刘易斯·芒福德：《技术与文明》，陈允明、王克仁、李华山译，北京：中国建筑工业出版社，2009 年。

陆九渊、王守仁：《象山语录 阳明传习录》，上海：上海古籍出版社，2000 年。

陆扬：《何以批判日常生活》，《学术月刊》2008 年第 9 期。

罗洛·梅：《焦虑的意义》，朱侃如译，桂林：广西师范大学出版社，2010 年。

马丁·海德格尔：《存在与时间》，陈嘉映、王庆节译，北京：生活·读书·新知三联书店，2006 年。

马丁·海德格尔：《林中路》，孙周兴译，上海：上海译文出版社，2004 年。

马丁·海德格尔：《面向思的事情》，陈小文、孙周兴译，北京：商务印书馆，1996 年。

马丁·海德格尔：《现象学之基本问题》，丁耘译，上海：上海译文出版社，2008 年。

马丁·海德格尔：《演讲与论文集》，孙周兴译，北京：生活·读书·新知三联书店，2005 年。

马惠娣、成素梅：《关于自由时间的理性思考》，《自然辩证法研究》1999 年第 1 期。

马惠娣：《自由时间：人是自由的吗？》，《求是学刊》1999 年第 5 期。

马克思、恩格斯：《共产党宣言》，中共中央马克思恩格斯列宁斯大林著作编译局译，北京：人民出版社，1997 年。

马克思、恩格斯：《马克思恩格斯全集》（第二十五卷），中共中央马克思恩格斯列宁斯大林著作编译局译，北京：人民出版社，1974 年。

马克思、恩格斯：《马克思恩格斯选集》（第一卷），中共中央马克思恩格斯列宁斯大林著作编译局译，北京：人民出版社，1995 年。

马克思、恩格斯：《马克思恩格斯选集》（第三卷），中共中央马克思恩格斯列宁斯大林著作编译局译，北京：人民出版社，1972 年。

马克思：《1844 年经济学哲学手稿》，中共中央马克思恩格斯列宁斯大林著作编译局译，北京：人民出版社，2000 年。

马克思：《资本论》，中共中央马克思恩格斯列宁斯大林著作编译局译，北京：人民出版社，2004 年。

马克斯·霍克海默、西奥多·阿多诺：《启蒙辩证法：哲学断片》，渠敬东、曹卫东译，上海：上海人民出版社，2020 年。

马克斯·韦伯：《经济与社会》，林荣远译，北京：商务印书馆，1997 年。

马克斯·韦伯：《马克斯·韦伯社会学文集》，阎克文译，北京：人民出版社，2010 年。

马克斯·韦伯：《新教伦理与资本主义精神》，康乐、简惠美译，桂林：广西师范大学出版社，2007 年。

马克斯·韦伯：《学术生涯与政治生涯——对大学生的两篇演讲》，王容芬译，北京：国际文化出版公司，1988 年。

马泰·卡林内斯库：《现代性的五副面孔：现代主义、先锋派、颓废、媚俗艺术、后现代主义》，顾爱彬、李瑞华译，北京：商务印书馆，2002 年。

米兰·昆德拉：《慢》，马振骋译，上海：上海译文出版社，2011年。

米歇尔·福柯：《福柯集》，杜小真、王简等译，上海：上海远东出版社，1998年。

尼尔·波兹曼：《娱乐至死·童年的消逝》，章艳、吴燕莛译，桂林：广西师范大学出版社，2009年。

潘海颖：《休闲消费之哲学批判与审美呈现》，浙江大学博士学位论文，2012年。

潘立勇：《休闲与审美：自在生命的自由体验》，《浙江大学学报》（人文社会科学版）2005年第6期。

庞学铨、程翔：《休闲学在西方的发展：反思与启示》，《浙江社会科学》2019年第4期。

庞学铨、程翔：《休闲学在西方的发展现状与未来——基于知识图谱的学科建制视角》，《浙江大学学报》（人文社会科学版）2020年第1期。

庞学铨、彭菲：《反思文旅融合视域下休闲学科的发展》，《旅游学刊》2019年第12期。

庞学铨：《当代中国需要什么样的启蒙》，《浙江学刊》2009年第1期。

庞学铨：《休闲学的学科解读》，《浙江学刊》2016年第2期。

齐格蒙特·鲍曼：《工作、消费、新穷人》，仇子明、李兰译，长春：吉林出版集团有限公司，2010年。

齐格蒙特·鲍曼：《现代性与矛盾性》，邵迎生译，北京：商务印书馆，2003年。

让·波德里亚：《消费社会》，刘成富、全志钢译，南京：南京大学出版社，2000年。

塞涅卡：《哲学的治疗：塞涅卡伦理文选之二》，吴欲波译，北京：中国社会科学出版社，2007年。

史蒂文·卢克斯：《个人主义》，阎克文译，南京：江苏人民出版社，2001年。

宋瑞：《2018—2019 年中国休闲发展报告》，北京：社会科学文献出版社，2019 年。

宋瑞：《2019—2020 年中国休闲发展报告》，北京：社会科学文献出版社，2020 年。

唐任伍、周觉：《论时间的稀缺性与休闲的异化》，《中州学刊》2004 年第 4 期。

托马斯·古德尔、杰弗瑞·戈比：《人类思想史中的休闲》，成素梅、马惠娣、季斌译，昆明：云南人民出版社，2000 年。

托斯丹·凡勃伦：《有闲阶级论：关于制度的经济研究》，蔡受百译，北京：商务印书馆，1964 年。

汪曾祺：《汪曾祺全集》，北京：北京师范大学出版社，1998 年。

王立新：《休闲异化的技术审视》，东北大学博士学位论文，2008 年。

王平：《康德现代性批判的四重维度及其当代价值》，《同济大学学报》（社会科学版）2012 年第 5 期。

王若水：《“异化”这个译名》，《学术界》2000 年第 3 期。

王炎：《电视化的城市灾难》，《读书》2013 年第 10 期。

威廉·巴雷特：《非理性的人》，段德智译，上海：上海译文出版社，1992 年。

威廉·塞西尔·丹皮尔：《科学史及其与哲学和宗教的关系》，李珩译，北京：商务印书馆，1975 年。

吴国盛：《追思自然：从自然辩证法到自然哲学》，沈阳：辽海出版社，1998 年。

吴宁：《列斐伏尔对日常生活与非日常生活的思辨及其评价》，《南京社会科学》2007 年第 12 期。

席勒：《审美教育书简》，张玉能译，南京：译林出版社，2009 年。

谢秀华：《工业社会休闲异化批判——兼论马克思休闲思想及其当代意义》，吉林大学博士学位论文，2008 年。

许斗斗：《消费社会之休闲异化批判——波德里亚的休闲观评析》，《东南学术》2003年第4期。

亚里士多德：《尼各马可伦理学》，廖申白译注，北京：商务印书馆，2003年。

亚里士多德：《政治学》，吴寿彭译，北京：商务印书馆，1965年。

亚历山大·科耶夫：《黑格尔导读》，姜志辉译，南京：译林出版社，2005年。

依迪丝·汉密尔顿：《希腊精神》，葛海滨译，北京：华夏出版社，2008年。

以赛亚·伯林：《启蒙的时代：十八世纪哲学家》，孙尚扬、杨深译，南京：译林出版社，2005年。

尤战生：《审美与人的感性生存——试论席勒的“游戏说”》，《山东社会科学》1997年第1期。

于尔根·哈贝马斯：《现代性的哲学话语》，曹卫东译，南京：译林出版社，2011年。

俞吾金：《从“道德评价优先”到“历史评价优先”——马克思异化理论发展中的视角转换》，《中国社会科学》2003年第2期，

俞吾金：《再论异化理论在马克思哲学中的地位和作用》，《哲学研究》2009年第12期。

约翰·凯利：《走向自由：休闲社会学新论》，赵冉译，昆明：云南人民出版社，2000年。

约瑟夫·皮珀：《闲暇：文化的基础》，刘森尧译，北京：新星出版社，2005年。

张凤阳：《现代性的谱系》，南京：江苏人民出版社，2012年。

张世英：《自我实现的历程：解读黑格尔〈精神现象学〉》，济南：山东人民出版社，2001年。

张晚林：《“休闲”的奠基及其内涵》，《自然辩证法研究》2010

年第 9 期。

张祥龙：《海德格尔思想与中国天道：终极视域的开启与交融》，北京：生活·读书·新知三联书店，2007 年。

张永红：《异化劳动视阈下的休闲异化——兼与异化劳动“三规定说”商榷》，《马克思主义研究》2011 年第 9 期。

赵瑞华：《媒介文化与休闲异化——媒介文化对现代休闲方式负面影响研究》，暨南大学博士学位论文，2011 年。

赵玉强：《优游之道：宋代士大夫休闲文化及其意蕴》，上海：上海古籍出版社，2017 年。

郑晓松：《技术与合理化——哈贝马斯技术哲学研究》，济南：齐鲁书社，2007 年。

中国旅游研究院：《中国休闲发展年度报告 2017—2018》，北京：旅游教育出版社，2018 年。

中国旅游研究院：《中国休闲发展年度报告 2019》，北京：旅游教育出版社，2019 年。

周国平：《尼采：在世纪的转折点上》，上海：上海人民出版社，1986 年。

周宪：《审美现代性批判》，北京：商务印书馆，2005 年。

朱光潜：《西方美学史》，北京：人民文学出版社，1979 年。

祝福恩：《异化概念不能滥用》，《哲学研究》1983 年第 12 期。

英文文献

Agnes Heller. Everyday Life. Routledge & Kegan Paul, 1984.

Alexander R. Martin: “Self-alienation and the loss of leisure”, The American Journal of Psychoanalysis, 1961(21).

Andrew Purrington, Benjamin Hickerson: “Leisure as a cross-cultural concept”, World Leisure Journal, 2013(2).

Ben B. Seligman: "On work, alienation, and leisure", American Journal of Economics and Sociology, 1965(4).

Charles K. Brightbil: The Challenge of Leisure. Upper Saddle River, NJ: Prentice Hall, 1963.

Byron Dare, George Welton, William Coe: Concepts of Leisure in Western Thought, a Critical and Historical Analysis. Dubuque, IA: Kendall/Hunt Publishing Company, 1987.

Charles Sylvester: "The classical idea of leisure: Cultural ideal or class prejudice?", Leisure Science, 1999(1).

Chris Rojek: "Did Marx have a theory of leisure?", Leisure Studies, 1984(3).

Chris Rojek: "Leisure and the rich today: Veblen's thesis after a century", Leisure Studies, 2000(1).

Chris Rojek: "Reviewing Veblen's view of the rich", Peace Review, 1999(2).

Christopher R. Edginton, Peter Chen: Leisure as Transformation. Champaign, IL: Sagamore Publishing, 2008.

Douglas A. Kleiber: "Taking leisure seriously: New and older considerations about leisure education", World Leisure Journal, 2012(1).

Douglas A. Kleiber, Gordon J. Walker, Roger C. Mannell: A Social Psychology of Lesiure. 2nd ed. State College, PA: Venture Publishing, 2011.

Esin Can Mutlu, Ozen Asik: "A look over the concepts of work and leisure throughout important historical periods", Journal of American Academy of Business, Cambridge; Sep 2002; 2, 1; ABI/INFORM Complete.

Gene Bammel: Leisure and Human Behavior. 2nd ed. Dubuque, IA: William. C. Brown Pub, 1992.

Goeffrey Godbey: Leisure in Your Life: New Perspectives. State College,

PA: Venture Publishing, 2008.

Henri Lefebvre: Critique of Everyday Life. London and New York: Verso, 1991.

Jeffrey Morgan: "Leisure, contemplation and leisure education", Ethics and Education, 2006(2).

John Dattilo: Leisure Education Program Planning: A Systematic Approach. 3rd ed. State College, PA: Venture Publishing, 2008.

Josef Pieper: Leisure: The Basis of Culture. South Bend, IN: St. Augustine's Press, 1998.

Joseph Owens: "Aristotle on Leisure", Canadian Journal of Philosophy, 1981(4).

Joy E. Beatty, William R. Torbert: "The false duality of work and leisure", Journal of Management Inquiry, 2003(3).

Karl Spracklen: The Meaning and Purpose of Leisure. England: Palgrave Macmillan, 2009.

Ken Roberts: Leisure in Contemporary Society. 2nd ed. Wallingford: CABI, 2006.

Laura Payne, Barbara Ainsworth, Geoffrey Godbey: Leisure, Health and Wellness Making the Connections. State College, PA: Venture Publishing, 2010.

Herbert L. May, Dorothy Petgen: Leisure and Its Uses. New York, NY: A.S. Barnes, 1960.

Michael Gardiner: Critiques of Everyday Life: An Introduction. London: Routledge, 2000.

Mihaly Csikszentmihalyi: Flow: The Psychology of Optimal Experience. New York, NY: HarperCollins, 2008.

Mike Sleap: "Education for leisure: A suggested approach for schools",

Leisure Studies, 1987(2).

Sebastian de Grazia: Of Time, Work and Leisure. New York, NY: The Twentieth Century Fund, 1962.

Stuart Elden: Understanding Henri Lefebrve. London and New York: Continuum, 2004.